LE
COMTE
DE
SALLENAUVE

PAR

H. DE BALZAC

AUTEUR DE

Le Député d'Arcis, Madame de la Chanterie, l'Initié, Scènes de la Vie Parisienne (Les Petits Bourgeois), Scènes de la Vie de Campagne (Les Paysans), Splendeurs et Misères d'une Courtisanne, un Début dans la Vie, David Séchard, etc., etc.

Terminé par M. Ch. Rabou

I

PARIS

L. DE POTTER, LIBRAIRE-ÉDITEUR

RUE SAINT-JACQUES, 38.

LE
COMTE DE SALLENAUVE

NOUVEAUTÉS EN LECTURE

DANS TOUS LES CABINETS LITTÉRAIRES

Les Amours d'Espérance, par Auguste Maquet, collaborateur d'Alexandre Dumas. 5 vol. in-8.
La Tombe-Issoire, par Élie Berthet. 4 vol. in-8.
Le Comte de Sallenauve, par H. de Balzac. 5 vol. in-8.
Les Amours de Vénus, par Xavier de Montépin. 4 vol. in-8.
La Dernière Favorite, par madame la comtesse Dash. 3 v. in-8.
Robert le Ressuscité, par Molé-Gentilhomme. 4 vol. in-8.
Les Tonnes d'Or, par le vicomte Ponson du Terrail, auteur de la *Tour des Gerfauts*, les *Coulisses du monde*, etc., etc. 3 vol. in-8.
Les Libertins, par Eugène de Mirecourt, auteur des *Confessions de Marion Delorme*, etc., etc. 2 vol. in-8.
La Famille Beauvisage, par H. de Balzac. 4 vol. in-8.
Un Roué du Directoire, par Eugène de Mirecourt. 2 vol. in-8.
Le Député d'Arcis, par H. de Balzac. 4 vol. in-8.
Mercédès, par Madame la comtesse Dash. 3 vol. in-8.
Blanche de Savenières, par Molé-Gentilhomme. 4 vol. in-8.
La Fille de l'Aveugle, par Emmanuel Gonzalès. 3 vol. in-8.
Le Château de La Renardière, par Marie Aycard. 4 vol. in-8.
Les Catacombes de Paris, par Élie Berthet. 4 vol. in-8.
La Tour des Gerfauts, par le vic. Ponson du Terrail. 5 v. in-8.
La Belle Gabrielle, par Auguste Maquet, 5 vol. in-8.
La dernière Fleur d'une Couronne, par madame la comtesse Dash. 3 vol. in-8.
L'Initié, par H. de Balzac. 2 vol. in-8.
Laurence de Montmeylian, par Molé-Gentilhomme. 5 vol. in-8.
Le Garde-chasse, par Élie Berthet. 3 vol. in-8.
Le Beau Laurent, par P. Duplessis, aut. des *Boucaniers*. 4 v. in-8.
La chute de Satan, par Auguste Maquet. 6 vol. in-8.
Rigobert le Rapin, par Charles Deslys, auteur de *Mademoiselle Bouillabaisse*, la *Mère Rainette*, etc., etc. 4 vol. in-8.
Madame de la Chanterie, par H. de Balzac. 1 vol. in-8.
Le Guetteur de Cordouan, par Paul Foucher. 3 vol. in-8.
La Chasse aux Cosaques, par Gabriel Ferry, auteur du *Coureur des Bois*. 5 vol. in-8.
Le Comte de Lavernie, par Auguste Maquet. 4 vol. in-8.
Montbars l'Exterminateur, par Paul Duplessis. 5 vol. in-8.
Un Homme de génie, par madame la comtesse Dash. 3 vol. in-8.
Le Garçon de Banque, par Élie Berthet. 2 vol. in-8.
Les Lorettes vengées, par Henry de Kock. 3 vol. in-8.
Roquevert l'Arquebusier, par Molé-Gentilhomme. 4 vol. in-8.
Mademoiselle Bouillabaisse, par Ch. Deslys. 3 vol. in-8.
Le Chasseur d'Hommes, par Emmanuel Gonzalès. 2 vol. in-8.

Imprimerie de Gustave Gratiot, 30, rue Mazarine.

LE
COMTE
DE
SALLENAUVE

PAR

H. DE BALZAC

AUTEUR DE

Le Député d'Arcis, Madame de la Chanterie, l'Initié, Scènes de la Vie Parisienne (Les Petits Bourgeois), Scènes de la Vie de Campagne (Les Paysans), Splendeurs et Misères d'une Courtisanne, un Début dans la Vie, David Séchard, etc., etc.

Terminé par M. Ch. Rabou

I

Avis. — Vu les traités internationaux relatifs à la propriété littéraire, on ne peut réimprimer ni traduire cet ouvrage à l'étranger, sans l'autorisation de l'auteur et de l'éditeur du roman.

PARIS

L. DE POTTER, LIBRAIRE-ÉDITEUR

RUE SAINT-JACQUES, 38.

I

Le monde à l'envers.

Il serait difficile de marquer le moment précis où dans nos mœurs contemporaines est apparue une espèce de religion nouvelle que l'on pourrait appeler l'*idolâtrie des enfants.*

Nous ne trouverions pas plus aisé de découvrir à la faveur de quelle espèce d'influence ce culte a pris le prodigieux développement auquel nous le voyons parvenu aujourd'hui.

Mais, tout en restant inexpliqué, le fait existe et doit être recueilli par tout historien fidèle des grands et des petits mouvements de notre société. Aujourd'hui, dans la famille, les enfants ont pris la place que tenaient chez les anciens les dieux domestiques, et qui ne partagerait pas cette dévotion, ne serait ni un esprit difficile et chagrin, ni un contradicteur morose et fâcheux, ce serait tout simplement un athée.

L'influence que Rousseau avait eue momentanément sur l'esprit des mères pour les décider à allaiter leurs enfants, est cependant passée de mode; mais un observateur superficiel pourrait seul dans cette autre remarque entrevoir une contradiction.

Pour qui a pu assister au grave délibéré qu'entraîne le choix d'une *nourrice sur lieu*, et se rendre compte de la place, qu'aussitôt la qualité de son lait bien constatée cette reine du biberon prend dans l'économie de la maison, il reste bien évident que le renoncement fait à son profit par la mère n'est de la part de celle-ci que le premier de ses dévoûments et de ses sacrifices. Déclarée par le médecin et par l'accoucheur, qu'elle n'a garde d'influencer, impuissante à *nourrir*, c'est uniquement, la chose est toujours convenue, dans l'intérêt du petit être auquel elle va donner la vie, qu'elle se résigne à lui refuser son lait. Mais, autour de l'enfant mis, par cette sublime abnégation, en possession, comme disent les chefs de pensionnat, d'une nourriture plus saine et plus abondante, que de soins passionnés et que de sollicitudes! Combien de fois le médecin réveillé la nuit pour venir constater que l'indigestion la plus bénigne n'est pas une attaque du terrible croup! combien d'autres fois, disputé au lit d'un mourant, le même docteur est appelé d'urgence et interrogé avec angoisse par la mère éplorée, laquelle s'est aperçue que son petit ange était *grinche*, ou bien qu'il était *pâlot*, où qu'il n'avait pas taché ses langes tout à fait à la manière accoutumée !

Enfin, l'enfant a passé cette première et difficile période, et, descendu des bras de sa nourrice, il cesse de porter le chapeau à la Henri IV harnaché de plumes et de bouffettes à la manière d'un mulet d'Andalousie ; mais alors lui ou ses jeunes contemporains vont, d'autre façon, nous rappeler l'Espagne ; voués à la Vierge et tout de blanc habillés, on les prendrait pour de jeunes statues du

Commandeur empruntées à l'opéra de *Don Juan*.

Quelques-uns, à la suite de Walter Scott et de *la Dame Blanche*, ont l'air d'être descendus des montagnes de l'Ecosse, dont ils portent à la rigueur le costume, y compris la jaquette et le mollet nu. Plus souvent ces chers idoles nous forment, comme aurait dit M. Ballanche, une palingénésie habillée des annales nationales, et en rencontrant aux Tuileries les cheveux coupés carrément à la Charles VI, les pourpoints de velours, les cols de dentelle et les guipures, les chapeaux à la cavalière, les manteaux courts, les canons et les souliers à rosettes de Louis XIII et de Louis XIV, on peut faire un cours d'histoire de France racontée par les tailleurs et les couturières, avec une exactitude plus rigoureuse que par Mézerai et par le président Hénault.

Puis reviennent les soucis, sinon pour la santé, au moins pour la constitution toujours frêle de nos petites divinités domestiques, et tous les ans, pour la fortifier, les bains de mer, la campagne, ou quelque voyage aux Pyrénées, sont impérieusement commandés.

Il va sans dire que pendant les quatre

ou cinq mois employés par la mère à celte locomotion hygiénique, le mari, s'il est retenu à Paris, doit s'arranger de son veuvage, de sa maison fermée et déserte, de toutes ses habitudes bouleversées.

Pourtant avec l'hiver se reconstitue la famille, mais ces chers adorés, voulez-vous, bouffis comme ils sont de raison et d'importance, qu'on les amuse comme les générations nées aux époques infanticides et sans entrailles, avec des hochets, des poupées et des polichinelles à deux sous? Allons donc! aux garçons il faut des poneys, des cigarettes, la lecture des romans-feuilletons, et aux filles le plaisir de jouer en grand à la maîtresse de maison ; de donner des goûters dansants, des soirées où le vrai *Guignol* des Champs-Elysées et Robert-Houdin sont d'avance annoncés sur les cartes d'invitation, et ceux-ci ne sont pas comme Lambert et Molière à coup sûr ; on les *a*, une fois qu'ils se sont laissé inscrire au programme.

Enfin, comme allait faire Naïs de l'Estorade, parfois, ces petits souverains obtiennent de donner une fête assez *grande personne* pour qu'il soit nécessaire d'avoir quelques sergents de ville à la

porte, et pour que, chez Delisle, chez
Nattier et chez Prévost, on s'en soit d'avance aperçu aux soiries, aux fleurs artificielles et aux bouquets vendus à son occasion.

Avec le caractère déjà entrevu de Naïs, personne, mieux qu'elle, n'était capable du rôle et des devoirs qu'allait lui créer l'abdication faite entre ses mains par sa mère, de tout son pouvoir et de toute son autorité.

Cette abdication remontait plus loin que la soirée qui commence, car c'était mademoiselle Naïs de l'Estorade qui, en son nom, avait prié ses convives de lui faire l'honneur de venir passer la soirée *chez elle*, et comme madame de l'Estorade n'avait pas voulu pousser la parodie jusqu'à permettre qu'on imprimât des cartes, Naïs avait employé plusieurs jours à écrire ses lettres d'invitation, en ayant soin de mettre en grand relief la formule sacramentelle : ON DANSERA.

Rien de plus curieux ou, comme dut le dire madame Octave de Camps après le mot que nous savons d'elle, rien de plus effrayant que l'aplomb de cette petite fille de treize ans, se tenant, comme elle avait vu faire à sa mère en pareille rencontre, à la porte du salon, et marquant jusqu'à l'infini, avec ses invités qui arrivaient, les nuances de son accueil, depuis l'empressement le plus affectueux jusqu'à une froideur voisine du dédain.

A ses bonnes amies, elle donnait chaleureusement la main, à l'anglaise; pour les autres elle avait des sourires en quelque sorte étagés selon le degré d'intimité; de simples inclinations de tête pour les indifférents et les inconnus; des *mots* de temps à autre et de délicieux airs de maman pour les marmots qu'on est obligé d'accepter dans le contingent de ces goûts enfantins, quelque dangereux et difficile à manier que soit cet élément.

En général, avec les pères et mères de ses convives, comme la fête ne se donnait pas pour eux, et qu'elle était tout entière sous l'invocation de la parole évangélique, *sinite parvulos venire ad me,* Naïs de l'Estorade s'étudiait à ne pas dépasser la limite d'une politesse froide quoique respectueuse. Mais quand Lucas, suivant les instructions qu'il avait reçues, renversant l'ordre habituel des préséances, annonça : « Mesdemoiselles de la Roche-» Hugon, madame la baronne de la Ro-» che-Hugon, et madame la comtesse de » Rastignac, » la petite intrigante se départit de sa réserve; elle courut au-devant de la femme du ministre, et de la meilleure grâce du monde, elle s'empara de sa main qu'elle porta galamment à ses lèvres.

De leur côté, madame, et surtout M. de l'Estorade, s'étaient empressés d'aller recevoir leur visiteuse inattendue, et, sans permettre qu'elle entrât dans aucune excuse relativement à la liberté qu'elle avait prise de venir sous les auspices de sa belle-sœur et en quelque sorte par-dessus le marché, ils la conduisirent à une place privilégiée, d'où elle devait avoir tout le coup d'œil de la fête, déjà arrivée à un haut degré d'animation.

Naïs ne pouvait suffire aux invitations que lui adressaient à l'envi les jeunes lions les plus élégants, aussi brouillait-elle un peu l'ordre de ses engagements. Malgré la fameuse entente cordiale, cette légèreté faillit ranimer l'éternelle rivalité de la France et de la perfide Albion. Entre un jeune pair d'Angleterre âgé de dix ans et un élève d'une école préparatoire pour la marine (pension Barniol, voir aux *Annonces*), une contredanse promise en partie double fut sur le point d'amener plus que des explications désagréables, puisque déjà le jeune héritier de la pairie s'était mis en posture pour *bôoxer*.

Cette rixe apaisée, survint un autre épisode ; un bambin, voyant apparaître un plateau chargé de sirops et de pâtisseries, à la suite d'une polka qui l'a mis en nage, veut aller se réconforter ; mais comme, par sa taille, il n'atteint pas commodément à la hauteur où les objets de sa convoitise sont tenus par le domestique, il a la déplorable idée de peser sur les bords du plateau afin de le descendre à sa portée : alors le plateau bascule, perd son équilibre, et, par un de ses coins, formant rigole, comme de l'urne d'un fleuve mythologique, il épanche une sorte de cascade mélangée d'orgeat, de sirop de groseille et de capillaire à laquelle les verres ont donné naissance en se renversant.

Heureux si le jeune imprudent eût été

seul à souffrir de la subite inondation de ce torrent sucré ; mais, au milieu du désordre créé par ce désastreux incident, dix victimes innocentes en ont reçu le contre-coup et les éclaboussures, et, dans ce nombre, cinq ou six jeunes bacchantes, furieuses de voir leurs toilettes compromises, semblent vouloir faire un autre Orphée du jeune malencontreux.

Pendant qu'à grand'peine il est arraché de leurs mains et remis à celles d'une gouvernante allemande, accourue au bruit de ses hurlements :

— Quelle idée aussi a eue Naïs, dit une

charmante petite blonde à un jeune Ecossais avec lequel elle n'a pas cessé de danser pendant toute la soirée, d'aller inviter des petits garçons de cet âge-là !

— Moi je me l'explique, répond l'Ecossais, c'est un petit de la cour des comptes ; Naïs a été obligée de l'avoir à cause des parents ; c'est une affaire de convenance.

En même temps, prenant par le bras un de ses amis :

— Dis donc, Ernest, fait-il, je fumerais bien un cigare ! Si au milieu de tout ce tapage-là nous cherchions un endroit !

— Je ne peux pas, mon cher, répond Ernest mystérieusement, tu sais que Léontine me fait toujours des scènes quand elle s'aperçoit que j'ai fumé. Elle est charmante pour moi ce soir. Tiens ! regarde donc ce qu'elle vient de me donner !

— Ah ! une bague en crin, répond dédaigneusement l'Ecossais, avec deux cœurs enflammés! Tous les collégiens en font comme ça.

— Qu'est-ce que tu pourrais donc montrer, toi? répond Ernest d'un ton piqué.

— Oh! fit l'Ecossais, avec un air capable, nous avons mieux; et tirant de la gibecière, qui fait partie intégrante de son costume, un billet sur papier azur parfumé : Tiens, ajouta-t-il en le mettant sous le nez d'Ernest, sens-moi un peu ça.

Ami peu délicat, Ernest se jette sur le billet, dont il s'empare; furieux, l'Ecossais se précipite pour le reprendre. Intervient alors M. de l'Estorade, qui, à mille lieues de se douter du sujet de la querelle, sépare les deux adversaires, de telle sorte que dans un coin du salon le ravisseur peut aller savourer son larcin.

Le billet ne portait aucune écriture. Le jeune roué avait pris le matin, dans le buvard de sa maman, ce papier odorant, dont peut-être elle eût fait quelque chose de moins immaculé.

Peu après, revenu auprès de l'Ecossais :

— Tiens, j'te le rends, ton billet, lui dit

Ernest, d'un ton goguenard ; il est joliment compromettant !

— Gardez-le, monsieur, lui répond l'Ecossais ; j'irai demain vous le redemander aux Tuileries, sous les marronniers; en attendant, vous comprenez que tout est fini entre nous !

Ernest était moins chevaleresque : il se contenta pour toute réponse, d'appuyer sur le bout de son nez le pouce de sa main droite déployée, qu'il fit insolemment pivoter sur cet axe, geste ironique qu'il avait retenu du cocher de sa mère ; puis, il courut prendre sa danseuse pour un quadrille qui commençait.

Mais à quels détails perdons-nous le temps, quand, sous cette surface enfantine, nous savons que des intérêts de l'ordre le plus élevé cheminent souterrainement.

Arrivé vers quatre heures de Ville-d'Avray où il venait de passer deux jours, Sallenauve ne donna pas à madame de l'Estorade de bonnes nouvelles de son ami. Sous une apparence de froide résignation, Marie Gaston était sombre, et, remarque vraiment inquiétante, parce que le fait était contre nature, il n'avait pas encore été visiter la tombe de sa femme, comme s'il y eût d'avance entrevu la chance d'une émotion qu'il ne se sentait pas le courage d'affronter.

Cette situation morale avait paru à Sallenauve si fâcheuse, que sans la crainte de désespérer Naïs en ne venant pas à *son* bal, il aurait regardé à quitter son ami que rien n'avait pu décider à venir avec lui.

Il semblait que, dans cet éréthisme d'animation et de gaîté auquel il s'était monté pendant l'élection d'Arcis, Marie

Gaston eût épuisé le reste de ses forces, et maintenant une prostration du plus mauvais caractère succédait à la surexcitation dont sa correspondance avec madame de l'Estorade n'avait été qu'incomplétement le reflet.

Quelque chose pourtant avait rassuré Sallenauve pour les quelques heures pendant lesquelles il quittait son *malade :* au moment où il hésitait encore à partir on avait annoncé à Marie Gaston la visite d'un gentleman qu'il avait connu à Florence et dont il parut accueillir la venue avec joie. Quelque bon effet pouvait donc être espéré de cette intervention imprévue.

Afin de distraire Sallenauve de ces appréhensions, qui d'ailleurs lui parurent exagérées, madame de l'Estorade s'empressa de le présenter à M. Octave de Camps. Celui-ci avait exprimé un grand désir de le connaître, et le député ne causait pas depuis un quart d'heure avec le maître de forges, que déjà il lui avait été au cœur par l'étendue des connaissances métallurgiques dont témoignait sa conversation.

On se rappelle qu'un des grands griefs de M. Bixiou contre l'ancien Dorlange, était la prétention de celui-ci, sinon à tout savoir, au moins à se rendre compte de tout.

Depuis un an surtout qu'il se préparait à la vie parlementaire, Sallenauve, n'ayant dérobé pour son art que le temps nécessaire à la création de sa sainte Ursule, s'était beaucoup occupé de toutes les connaissances positives qui, chez l'homme de tribune, autorisent sa parole quand elles viennent à propos soutenir et justifier ses aperçus de politique générale. Ainsi quoiqu'avec M. Godivet, le receveur de l'enregistrement à Arcis, il se fût modestement posé comme étranger à toutes les matières de son administration, en étudiant la grande question du budget et de l'impôt, il avait donné son attention à tous les éléments dont ils se constituent : les douanes, les droits de mutation, le timbre, la contribution directe et indirecte. Abordant aussi cette science si problématique et pourtant si sûre d'elle-même qu'on appelle l'économie politique, Sallenauve s'était également rendu compte de toutes les sources qui contribuent à former le grand fleuve de la richesse nationale, et, à ce compte, la question des mines, objet, dans le moment, des préoccupations de M. de Camps, n'avait pu être négligée par lui.

On peut se figurer l'admiration du maître de forges, qui s'était trop exclusivement occupé de la question des fers pour n'avoir beaucoup à apprendre dans les autres branches de la métallurgie, quand il entendit le jeune député lui faire, sur les richesses de notre sol, une sorte de conte des *Mille et une Nuits,* qui passé au contrôle de la science, ne serait pourtant qu'une très positive réalité.

— Comment, monsieur, vous croyez, s'écria M. Octave de Camps, qu'indépendamment de nos mines de charbon et de fer, nous possédons aussi des mines de cuivre, de plomb, voire même des mines d'argent?

— Si vous voulez, monsieur, répondit Sallenauve, consulter quelques hommes spéciaux, ils vous apprendront que ni les gîtes si vantés de la Bohême et de la Saxe, ni ceux de la Russie et de la Hongrie ne sont comparables à ceux que renferment chez nous les Pyrénées; les Alpes, depuis Briançon jusqu'à l'Isère; les Cévennes, surtout du côté de la Lozère; le Puy-de-Dôme, la Bretagne, les Vosges. Dans les Voges, notamment près de la ville de Saint-Dié, je puis vous citer un seul filon de minerai d'argent qui se développe suivant une puissance de 50 à 80 mètres, dans une longueur de 13 kilomètres.

— Mais, monsieur, comment ces nombreuses richesses métalliques peuvent-elles n'être pas exploitées ?

— Elles l'ont été, répondit Sallenauve, à des époques lointaines, surtout pendant la domination romaine dans les Gaules, abandonnée lors de la chute de l'empire romain, leur exploitation a été reprise pendant le moyen-âge par les seigneurs et par le clergé, puis, durant la lutte de la féodalité contre le pouvoir royal et pendant les longues guerres civiles qui ont désolé la France, cette exploitation a de nouveau été suspendue, sans que depuis on s'en soit occupé.

— Et vous êtes sûr de ce que vous affirmez ?

— Les auteurs anciens, Strabon et les autres, parlent tous de ces mines, la tradition de leur exploitation est encore vivante dans les pays où elles sont situées ; les décrets des empereurs et les ordonnances de nos rois font foi de leur existence et de l'importance de leurs produits; en certains lieux se rencontrent des preuves plus matérielles, dans des excavations d'une longueur et d'une profondeur considérables, dans des galeries et des salles taillées dans le roc vif, enfin dans la trace multipliée de ces immenses travaux qui ont immortalisé l'industrie romaine. A quoi il faut ajouter que les études modernes de la science géologique ont partout confirmé et complété ces irréfragables indications.

L'imagination de M. Octave de Camps, qu'avait assez passionné une simple mine de fer pour lui faire faire le voyage de Paris et le décider à se poser en solliciteur auprès d'un gouvernement qu'il méprisait, s'allumait à la révélation de toutes ces richesses enfouies et il allait demander à son initiateur ses idées sur la manière d'en aborder l'extraction si étrangement négligée, quand, par une coïncidence qui n'a rien d'imprévu pour le lecteur, Lassu, ouvrant à deux battants les portes du salon, annonça de sa voix la plus haute et plus solennelle :

— Monsieur le ministre des travaux publics !

L'effet produit dans l'assemblée fut tellement électrique, qu'il retentit jusque dans le tête-à-tête des deux causeurs.

— Que je voie un peu la figure de ce petit Rastignac, devenu homme d'État, dit négligemment M. Octave de Camps, en se levant.

Mais, au fond, il pensait que c'était une occasion d'aborder le ministre introuvable en vertu du grand principe : un tiens vaut mieux que deux tu l'auras ; il laissait sommeiller les richesses cachées que venait de lui révéler Sallenauve, et retournait à sa mine de fer.

De son côté, le député entrevit comme inévitable un abordage ministériel ; il lui semblait impossible que le zèle conservateur de M. de l'Estorade ne cherchât pas à le lui ménager. Or, que diraient ses amis de l'opposition à la nouvelle, le lendemain répandue, qu'un représentant de la gauche avancée avait eu, dans un salon, une conférence avec un des ministres les plus renommés pour son ardeur et son habileté à procurer des conversions politiques!

Déjà, dans les bureaux du *National*, Salenauve avait eu un avant-goût de la tolérance de son parti en s'entendant insinuer que les allures de modération promises par sa profession de foi électorale, à sa conduite parlementaire, ne devaient pas être prises au pied de la lettre et auraient bientôt fait de créer autour de lui le vide, s'il prétendait mettre d'accord leur pratique et la théorie.

Préoccupé d'ailleurs comme il l'était

de Marie-Gaston, après avoir fait au bal de Naïs, acte d'apparition, il avait hâte de retourner à Ville-d'Avray ; par toutes ces raisons il se résolut à profiter de l'émoi général pour faire retraite, et, par une manœuvre habile et sournoise, déjà il avait gagné la porte du salon et pensait s'esquiver sans être aperçu.

Mais il avait compté sans Naïs à laquelle il avait imprudemment promis de danser une contredanse avec elle. Cette petite fille ; au moment où il tournait le bouton de la serrure, commença à sonner l'alarme, et M. de l'Estorade, avec l'empressement que l'on peut croire, se mit de la partie pour empêcher cette désertion. Voyant sa sortie manquée, Sallenauve eut peur qu'une retraite qui tournait à faire événement n'eût un air de puritanisme qui pourrait être trouvé de mauvais goût; au risque donc de ce qui pourrait arriver, il se laissa réintégrer sur la liste des danseurs de Naïs et se décida à rester.

CHAPITRE DEUXIÈME

II

Le quadrille.

M. de l'Estorade savait Sallenauve trop intelligent pour espérer le faire dupe d'aucune des finesses qu'il eut employées pour amener sa rencontre avec le ministre. Il procéda donc sans aucun détour, et, un quart d'heure après l'arrivée de Rastignac, son bras passé sous celui de l'homme d'État, il abordait le député en lui disant :

— M. le ministre des travaux publics ! qui avant la bataille me demande de le présenter à l'un des généraux de l'armée ennemie.

— C'est trop d'honneur que me fait monsieur le ministre, répondit cérémonieusement Sallenauve : loin d'être un général, je ne suis qu'un soldat des plus humbles et des plus ignorés.

— Hum ! reprit le ministre, il me semble pourtant que le combat d'Arcis-sur-Aube n'est pas une petite victoire, et que vous y avez, monsieur, bousculé nos gens d'étrange façon !

— Il n'y a rien là de bien étonnant, vous avez dû apprendre qu'une sainte combattait pour moi.

— Du reste, reprit Rastignac, je préfère ce résultat à celui que semblait avoir ménagé une personne que je croyais plus habile et que nous avions envoyée sur les lieux. Il paraît que ce Beauvisage est décidément inepte ; il aurait déteint sur nous si nous l'eussions fait nommer, et, après tout, d'ailleurs il était centre gauche comme l'avocat Giguet ; or, le centre gauche, c'est là notre véritable ennemi, parce qu'à travers notre politique il en veut surtout à nos portefeuilles.

— Oh ! fit M. de l'Estorade, d'après ce qu'on vous disait de l'homme, il eût été ce qu'on eût voulu.

— Mais non, mon cher, dit le ministre, ne croyez donc pas ça, les sots tiennent souvent beaucoup plus qu'on ne pense au drapeau sous lequel ils se sont enrôlés : passer à l'ennemi, c'est choisir, et cela suppose encore une opération d'esprit assez compliquée; il est beaucoup plus simple de s'entêter.

— Je suis de l'avis de monsieur le ministre, dit Sallenauve : l'extrême innocence et l'extrême rouerie se défendent également bien contre la séduction.

— Vous tuez votre homme en douceur, dit M. de l'Estorade à Sallenauve, en lui frappant sur l'épaule; puis, voyant ou ayant l'air de voir dans la glace placée au-dessus d'une cheminée, devant laquelle se passait la scène, un signe qu'on lui aurait fait : — J'y vais, dit-il en parlant par-dessus son épaule, et, les deux adversaires ainsi accrochés, il s'éloigna comme s'il venait d'être mis en réquisition pour quelque devoir de maître de maison.

Sallenauve ne voulut pas avoir l'air d'une pensionnaire s'épouvantant à l'idée de se trouver seule avec un *monsieur*; puisque la rencontre était faite, il se décida à la subir de bonne grâce, et, prenant le premier la parole, il demanda si le ministère, pour la session qui s'ouvrait dans quelques jours, avait préparé un grand nombre de projets de loi ?

— Très peu, répondit le ministre; de bonne foi, nous ne pensions pas rester aux affaires; nous avions fait une élection, parce que dans l'espèce de désarroi où la presse a fini par jeter l'opinion publique, notre devoir constitutionnel était de la forcer à se reconstituer, à compter avec elle-même en la consultant; mais, véritablement, nous ne pensions pas que l'épreuve nous fût favorable, et notre victoire, il faut bien l'avouer, nous prend tout à fait au dépourvu.

— Vous avez fait, dit en riant Sallenauve, comme ce paysan qui, croyant à la fin du monde, n'avait pas jugé utile d'ensemencer son champ.

— Oh! pour nous, dit modestement Rastignac, notre retraite n'était pas la fin du monde. Nous croyons qu'après nous, il y a des gens, et beaucoup, qui sont très capables de gouverner; seulement, comme dans cette ville de transit qu'on appelle le pouvoir, nous pensions ne donner qu'un très petit nombre de représentations, nous n'avions déballé ni nos décorations, ni nos costumes. D'ailleurs la session, de toute façon, ne devait pas être une session d'affaires ; la question se trouve maintenant posée entre ce qu'on appelle le château, l'influence personnelle, et la doctrine de la suprématie parlementaire. Cette question viendra naturellement à l'occasion du vote des fonds secrets ; quand, d'une façon ou d'autre, elle aura été tranchée, qu'on aura voté le budget et quelques lois d'intérêt secondaire, le parlement aura encore bien fait sa tâche, car il aura mis fin à une lutte désolante, et le pays, une fois pour toutes, saura auquel des deux pouvoirs il peut le plus sûrement demander le développement de sa prospérité.

— Et vous croyez, demanda Sallenauve, dans l'économie d'un gouvernement pondéré, que cette question est bien utile à poser ?

—Mais ce n'est pas, répondit Rastignac, nous qui l'avons soulevée; elle est née peut-être des circonstances, beaucoup de l'impatience de quelques ambitions et aussi de la tactique des partis.

— De telle sorte qu'à votre avis, monsieur le ministre, l'un des adversaires n'est coupable de rien et n'a absolument rien à se reprocher?

— Vous êtes républicain, répondit Rastignac, ennemi par conséquent *à priori* de la dynastie; ce serait, je pense perdre mon temps que de vouloir redresser vos idées au sujet de la politique que vous lui reprochez.

— Vous vous trompez, dit le député républicain théorique, d'occasion, d'avenir, je n'ai préventivement aucune haine contre la dynastie régnante; je trouve même que, dans son passé panaché, si je puis ainsi parler, d'affinités royales et de révolution, il y avait tout ce qu'il fallait pour répondre aux instincts à la fois libéraux et monarchiques du pays; mais vous auriez bien de la peine à me persuader que, dans le chef actuel de cette dynastie, ne se rencontrent pas de ces instincts excessifs d'influence personnelle qui, à la longue, minent, dénaturent et font crouler les plus belles comme les plus fortes institutions.

— Oui, dit ironiquement Rastignac, et

on les sauve avec la fameuse maxime du député de Sancerre : « Le roi règne et ne gouverne pas ! »

Soit qu'il se lassât de causer debout, soit qu'il voulût témoigner de son aisance à se démêler du traquenard qui évidemment lui avait été préparé, Sallenauve, avant de répondre, approcha un fauteuil pour son interlocuteur et, après s'être lui-même assis, il reprit :

— Voulez-vous, monsieur, me permetter de vous citer l'exemple d'une autre conduite royale, celle d'un prince qui ne passait pas pour trop indifférent aux prérogatives de sa couronne, et qui n'était pas non plus très ignorant du mécanisme constitutionnel, d'abord, parce qu'ainsi que le roi aujourd'hui régnant, il n'était ignorant sur aucune espèce de sujets, et ensuite parce que, ce mécanisme, il l'avait lui-même importé dans notre pays.

— Louis XVIII, dit Rastignac, ou comme disent les journaux : *l'illustre auteur de la Charte ?*

— Précisément, répondit Sallenauve ; me feriez-vous l'honneur de me dire où il est mort ?

— Parbleu ! aux Tuileries.

— Et son successeur ?

— En exil ! Oh ! je vous vois venir.

— Ma conclusion n'est pas en effet difficile à deviner ; mais, monsieur le ministre, avez-vous bien remarqué la déduction de cette existence royale pour laquelle, en mon particulier, je professe le respect le plus absolu ? Louis XVIII n'était pas un roi citoyen ; il avait octroyé sa Charte et ne l'avait pas consentie ; né

bien plus près de la couronne que le
prince dont je signale la regrettable tendance, il devait partager plus profondément les idées, les préjugés, les infatuations de cour ; de sa personne, ce qui en
France est une espèce de déchéance princière, il était ridicule; il essuyait les plâtres d'un nouveau régime, succédait à un
gouvernement qui avait enivré le pays
de cette belle fumée dorée qu'on appelle
la gloire ; et, s'il n'était pas ramené par
l'étranger, il revenait au moins à la suite
d'une invasion de l'Europe armée. Maintenant, voulez-vous que je vous dise pourquoi, malgré tous ces péchés originels et
malgré la conspiration permanente dirigée contre son gouvernement, il lui a été

donné de mourir tranquillement sous son baldaquin des Tuileries?

— Parce qu'il a été constitutionnel? fit Rastignac avec un léger mouvement d'épaule; mais pouvez-vous dire que nous ne le sommes pas?

—Dans la lettre oui, dans l'esprit non. Quand Louis XVIII avait donné sa confiance à un ministre, cette confiance, il la lui délivrait tout entière, ne trichait pas avec lui, jouait son jeu à outrance, témoin la fameuse ordonnance du 5 septembre et le renvoi de la chambre introuvable, qui était plus royaliste que lui-même, ce qu'il avait le bon esprit de ne vouloir point. Plus tard, un mouvement d'opinion ébranle le ministre qui l'avait poussé dans cette voie; le ministre est son favori, son enfant, comme il l'appelle. Il n'importe : cédant à une nécessité constitutionnelle, après l'avoir emmailloté de cordons, de titres, de tout ce qui enfin peut servir à amortir la douleur d'une chute, il l'exporte courageusement à l'étranger et ne creuse pas des souterrains, ne guette pas, ne fait pas naître des occasions pour le ramener subrepticement au pouvoir, où ce ministre ne rentra jamais.

— Pour un homme qui ne nous hait

pas, dit Rastignac, vous nous traitez d'une façon assez rude ; nous serions presque parjures au pacte constitutionnel, et notre politique, à votre avis, ambiguë, tortueuse, nous donnerait de certains rapports éloignés avec M. Doublemain, le greffier du *Mariage de Figaro*.

— Je n'affirmerais pas, reprit Sallenauve, que le mal fût si profond et vînt de si loin ; peut-être simplement, *sommes-nous un faiseur*, le mot pris, bien entendu, dans le sens d'un homme qui aime à faire, à se mêler.

— Eh ! monsieur, si nous sommes le

politique le plus habile de notre royaume!

— Cela ne fait pas, monsieur le ministre, qu'à son tour notre royaume, qui est tout le monde, n'ait pas quelquefois la chance d'être aussi habile que nous.

— Parbleu, dit Rastignac de ce ton qui semble marquer un point culminant dans une conversation, je voudrais bien pouvoir réaliser un rêve...

— Qui serait? demanda Sallenauve.

— De vous voir directement aux prises avec cette habileté soi-disant tracassière dont vous me paraissez faire un si mince état.

— Vous savez, monsieur le ministre, que les trois quarts de la vie se passent à rêver l'impossible.

— Impossible, pourquoi ; seriez-vous le premier homme de l'opposition qu'on eût vu aux Tuileries? et une invitation à dîner bien publique, bien ostensible qui, en vous rapprochant de ce que vous jugez mal à distance...

— J'aurais l'honneur de refuser, interrompit Sallenauve et il accentua son *j'aurais l'honneur,* de manière à bien donner son sens à ce mot.

— Vous voilà bien tous, gens de l'opposition, s'écria le ministre, ne voulant pas vous éclairer quand l'occasion s'en présente, ou, pour mieux dire, ne le pouvant pas.

— Vous trouvez-vous bien éclairé, monsieur le ministre, quand, le soir, en passant devant l'officine d'un pharmacien, vous recevez dans les yeux un rayon de ces bocaux gigantesques qui semblent avoir été inventés pour éborgner les gens ?

— Ce n'est pas nos rayons qui vous font peur, c'est la lanterne sourde de votre parti faisant sa ronde.

— Il peut y avoir du vrai dans ce que vous dites, monsieur le ministre; un parti et l'homme qui a aspiré à l'honneur de le représenter, sont, après tout, des gens mariés, qui, pour bien vivre ensemble, se doivent mutuellement égards, franchise, fidélité, au fond comme en la forme.

— Eh bien! essayez d'être modéré, votre rêve, aussi, est bien autrement impossible à réaliser que le mien, et vous me direz des nouvelles des égards de votre chaste moitié.

— S'il est un malheur auquel j'aie dû m'attendre, c'est assurément celui-là.

— Vous croyez! et qu'avec les sentiments élevés et généreux que tout indique en vous, vous resteriez impassible même à la calomnie, qui déjà peut-être aiguise ses traits.

— Est-ce que vous-même, monsieur le

ministre, n'avez pas quelquefois éprouvé son venin ; et vous êtes-vous pour cela détourné de votre voie ?

— Mais, dit Rastignac, d'un air de confidence et en baissant la voix, si je vous disais que déjà j'ai eu à me défendre d'empressements officieux s'offrant à aller remuer dans votre vie privée certains côtés qui, pour être un peu moins bien en lumière que le reste, ont paru merveilleusement disposés pour y dresser des guet-apens ?

— Je ne vous remercie pas, monsieur le ministre, de l'honneur que vous vous êtes fait en recevant avec mépris les propositions de ces officieux qui ne sont pas de mon parti, qui ne sont pas du vôtre, qui ne sont que du parti de leurs honteux appétits et de leurs intérêts; mais quand, par impossible, ils auraient trouvé auprès de vous quelque ouverture, croyez que les déterminations prises avec ma conscience n'avaient pas la chance d'en être affectées.

— Mais votre parti, veuillez donc en considérer les éléments : un ramassis d'ambitions déçues, de convoitises brutales, de plagiaires de 93, de despotes déguisés en amants de la liberté.

— Mon parti n'a pas et veut acquérir ;

le vôtre s'appelle le parti conservateur, et il a raison, sa grande étude étant de conserver le pouvoir, les places, la fortune, enfin tout ce qu'il détient ; mais au fond, monsieur, la cuisine est la même, il faut la manger et ne la point voir faire, car La Bruyère l'a dit : « Si vous voyez le » repas ailleurs que sur une table bien » servie, quelles saletés ! quel dégoût ! »

— Du moins, monsieur, nous ne sommes point une impasse, nous ouvrons sur quelque chose. Plus vous serez élevé par le caractère et par l'intelligence, moins on vous laissera passer, traînant à votre suite votre bande de démocrates, car son avénement ne serait pas un changement de politique, ce serait une révolution.

— Mais qui vous a dit que je voulusse arriver quelque part?

— Comment! marcher pour n'arriver point; mais un certain développement de facultés ne donne pas seulement le droit, il crée le devoir de prétendre à la direction des affaires.

— Surveiller cette direction est encore un rôle utile et, je dois ajouter, assez occupant.

— Vous n'imaginez pas, monsieur, dit alors Rastignac, avec bonhomie, qu'avec M. Beauvisage je me fusse mis autant en peine d'avoir raison ; il est vrai de dire aussi qu'il m'eût rendu la besogne moins rude.

— Du rapprochement, dit Sallenauve que le hasard a amené entre nous, résultera du moins ce bénéfice que nous nous serons connus, et que nos futures rencontres seront ainsi engagées à être courtoises, ce qui ne gâte rien à l'énergie des convictions.

— Je devrai donc dire au roi, car j'avais de sa haute volonté mission spéciale...

Rastignac ne put achever sa phrase, où il tirait en quelque sorte sa dernière cartouche; au bruit de l'orchestre jouant la ritournelle d'un quadrille, Naïs accourut et, lui faisant une coquette révérence :

— Monsieur le ministre, dit-elle, je suis bien fâchée, mais vous avez pris mon danseur; il faut me le rendre ; il est inscrit pour la onzième contredanse et quand je manque un tour ça fait ensuite des confusions terribles.

— Vous permettez, monsieur, dit Sallenauve en riant ; vous voyez : je ne suis pas un républicain très farouche, et il suivit Naïs qui l'entraînait en le tenant par la main.

Madame de l'Estorade avait eu une attention délicate : comprenant ce que la complaisance de Sallenauve pour la fantaisie de Naïs pourrait coûter à sa gravité, elle s'était arrangée de manière que quelques *papas et mamans* figurassent avec lui dans la contredanse où il s'était laissé fourvoyer ; et elle-même avec le jeune Ecossais aux billets blancs qui, sans qu'elle s'en doutât, était bien capable de la compromettre, fit, pour parler le langage technique, vis-à-vis à sa fille qui rayonnait d'orgueil et de joie.

Dans un moment où, par la combinaison des figures, Naïs était amenée à donner la main à sa mère :

— Pauvre maman, lui dit-elle, en la lui serrant d'un mouvement passionné, sans *lui* pourtant tu ne m'aurais pas là !

L'imprévu et la forme de ce souvenir agirent si vivement sur madame de l'Estorade que, reprise de ce saisissement nerveux qu'elle avait éprouvé lors de l'accident de sa fille, elle fut obligée de gagner un siége. L'ayant vue changer de visage, Sallenauve, Naïs et madame Octave de Camps coururent à elle pour savoir si elle se sentait indisposée.

— Ce n'est rien, répondit madame de l'Estorade en s'adressant à Sallenauve, c'est cette petite qui m'a rappelé l'immense obligation que nous vous avons : *sans lui*, a-t-elle eu l'idée de me dire, pauvre maman, tu ne m'aurais pas là ! Et, en effet, monsieur, sans votre généreux courage, aujourd'hui où serait cette enfant ?

— Voyons, voyons, de la raison, dit

madame Octave de Camps, en remarquant dans la voix de son amie quelque chose d'entrecoupé et de convulsif, y a-t-il du bon sens de se mettre dans un pareil état pour une parole de petite fille !

— Elle vaut mieux que nous, reprit madame de l'Estorade, en recevant dans ses bras Naïs, qui lui disait aussi : — Voyons, maman, de la raison ! — Il n'y a rien au monde, continua la comtesse, qu'elle mette au-dessus de son sauveur, tandis que son père et moi, c'est bien juste si nous lui avons fait comprendre notre reconnaissance.

— Mais vous m'avez comblé, madame, répondit poliment Sallenauve.

— Comblé, dit Naïs, en remuant sa jolie tête d'un petit air de doute, si quelqu'un me sauvait ma fille, je serais avec lui bien autrement.

— Naïs, dit avec autorité madame Octave de Camps, les enfants doivent écouter et se taire quand on ne leur demande pas leur avis.

— Qu'y a-t-il donc ? dit M. de l'Estorade, qui, à ce moment, vint se joindre au groupe.

— Rien, dit madame de Camps, un éblouissement qui a pris Renée en dansant.

— Eh bien ! est-ce passé ?

— Oui, je suis tout à fait bien, répondit madame de l'Estorade.

— Alors venez donc dire adieu à madame de Rastignac, qui se prépare à s'en aller.

Dans son empressement à se rendre

auprès de la femme du ministre, M. de l'Estorade ne pensa pas à donner le bras à la sienne; Sallenauve fut mieux inspiré.

Tout en marchant, précédé de son mari qui ne pouvait l'entendre :

— Vous avez causé longtemps avec M. de Rastignac, dit madame de l'Estorade, il aura sans doute tenté de pratiquer sur vous quelque séduction?

— Pensez-vous, répondit Sallenauve, qu'il ait réussi?

— Non : mais ces essais de captation, sont toujours désagréables ; je vous prie de croire que je n'étais pas du complot. Je ne suis pas aussi furieusement ministérielle que mon mari.

— Ni moi si furieusement révolutionnaire que l'on semble se le figurer.

— Pourvu que cette ennuyeuse politique, qui plus d'une fois vous mettra en dissentiment avec M. de l'Estorade, n'aille pas vous dégoûter de compter parmi nos amis !

— C'est un honneur, madame, dont on est trop heureux.

— Ce n'est pas de l'honneur, c'est du plaisir qu'il faut y trouver, fit vivement madame de l'Estorade ; je dirai comme Naïs : si j'avais sauvé la fille de quelqu'un, je serais avec lui moins cérémonieux.

Cela dit, sans écouter la réponse, elle dégagea vivement son bras de celui de Sallenauve, et le laissa un peu étonné de l'accent avec lequel elle avait parlé.

CHAPITRE TROISIÈME

Bilan d'une situation.

En voyant madame de l'Estorade aussi complètement docile aux conseils peut-être plus spirituels que prudents de madame Octave, il nous paraît peu probable que nos lecteurs se soient beaucoup étonnés. Impossible, en effet, que dès longtemps ils n'aient pas entrevu un certain entraînement éprouvé par la froide comtesse non seulement pour le sauveur de sa fille, mais aussi pour l'homme qui, dans des conditions si singulières et si romanesques, s'était recommandé à son attention.

Personne assurément n'a, comme elle, été la dupe de cette sécurité que la certitude de la parfaite indifférence de Sallenauve avait fini par lui inspirer. Cette assurance de n'être point convoitée par lui était justement le seul piége où elle pouvait se prendre ; soupirant déclaré, il eut été pour elle mille fois moins dangereux.

A bien y regarder, madame de l'Estorade était loin d'être une de ces natures impassibles qui, en dehors des sentiments de famille, résistent à toute vive communication d'affectuosité.

Beauté presque espagnole, elle avait des yeux dont son amie Louise de Chaulieu disait gaîment qu'ils faisaient mûrir les pêches quand elle les regardait ; sa froideur n'était donc pas ce que les médecins appellent congéniale, elle était un tempérament acquis.

Mariée par raison à un homme dont on a déjà entrevu toutes les insuffisances morales, contrairement à un fameux axiome d'opéra-comique, elle avait fait pour lui de l'amour avec la pitié, et, au moyen d'une sorte d'atrophie de cœur qu'elle avait vu se ménager, jusqu'au moment critique où nous la voyons arrivée, elle était parvenue, sans broncher, à rendre M. de l'Estorade le plus heureux des maris.

Dans le même intérêt, elle avait exalté chez elle le sentiment maternel dans un degré à peine croyable, et par là, elle avait trouvé le moyen de tromper d'autres instincts; mais dans le succès avec lequel elle avait jusqu'alors accompli sa rude tâche, il fallait surtout faire entrer en ligne de compte *la circonstance* de Louise de Chaulieu.

Pour elle, cette pauvre affolée avait été l'esclave ivre dont les Spartiates faisaient une leçon vivante à leurs enfants et entre les deux amies s'était tacitement installée une sorte de gageure. Louise de Chaulieu ayant pris le rôle de la passion échappée, madame de l'Estorade s'était réservée celui de la raison supérieure, et, pour gagner le pari, elle avait eu des courages de bon sens et de sagesse, qui, sans cette excitation, lui eussent peut-être beaucoup plus coûté.

A l'âge où elle était parvenue et avec

sa longue habitude de se maîtriser, on comprend que, voyant venir à elle, par le grand chemin, cet Amour contre lequel elle avait tant prêché, elle l'eût aussitôt reconnu et rudement éconduit ; mais un homme qui n'éprouvait rien pour elle, tout en la trouvant belle jusqu'à l'idéal, et qui peut-être même aimait ailleurs ; un homme qui avait arraché sa fille à la mort et qui ne prétendait à aucune récompense ; qui était grave, sérieux, et occupé d'une absorbante entreprise, le moyen, quand il arrivait ainsi, par la traverse, de le trouver redoutable, et de ne pas lui accorder à première réquisition, le tiède sentiment de l'amitié ?

Cependant, sur la route de Ville-d'Avray, où, dominé par la préoccupation que lui causait son ami, Sallenauve avait voulu se rendre malgré l'heure tardive, voilà ce qui se passait.

En récapitulant les événements de sa soirée, on comprend que le député ne dut pas donner une grande attention, et à la tentative de Rastignac et aux airs passionnés de Naïs, qui tout au plus, auraient pu servir à le rendre ridicule. Mais il n'en était pas de même pour l'explosion de vive reconnaissance que venait d'avoir avec lui madame de l'Estorade, et cette gratitude si chaleureusement exprimée, il y pensait.

Sans avoir eu précisément à se plaindre de l'attitude de la comtesse à son égard, jamais Sallenauve ne l'avait trouvée pour lui bien chaleureuse, et il l'avait jugée à travers l'opinion que généralement le monde avait de sa personne et de son caractère.

En elle, il n'avait donc vu qu'une femme très distinguée par l'intelligence mais complétement paralysée du côté du cœur, grâce à l'amour absorbant et exclusif dont elle était possédée pour ses enfants. *La glaciale* madame de l'Estorade, avait-il écrit une fois à Marie-Gaston, et c'était bien juste, si jamais il avait pensé à en faire une amie, dans l'acception masculine du mot.

D'ailleurs, ce n'était pas seulement du côté de madame de l'Estorade, c'était aussi du côté de son mari, que Sallenauve avait eu des doutes relativement à l'avenir et à la durée de la liaison commencée avec eux.

« La politique nous brouillera, » s'était-il dit souvent, et l'on peut se rappeler une autre de ses lettres où ce dénoûment était par lui envisagé avec une certaine amertume.

Lors donc que madame de l'Estorade

avait paru l'encourager d'une manière si prononcée à se placer vis à vis d'elle sur un pied d'intimité plus expansive, ce qui l'avait surtout étonné, c'était le soin qu'elle avait pris de marquer entre le procédé probable de son mari et le sien propre une différence bien tranchée. Pour dire, avec l'émotion qu'elle y avait mise, cette phrase si obligeante : « j'es-
» père que l'ennuyeuse politique ne
» vous empêchera pas d'être de nos
» amis, » il fallait, pensa Sallenauve, supposer chez la femme qui l'avait laissé tomber de sa bouche, plus de cœur qu'on ne lui en accordait d'ordinaire, et cette *déclaration d'amitié* ne lui parut pas devoir être prise pour une banalité de salon, ou pour l'expression irréfléchie d'un

entraînement passager et fugitif, comme le mouvement de nerfs qui en avait été le point de départ.

Sa bonne fortune ainsi analysée, pour rendre en quelque sorte sa politesse à madame de l'Estorade, l'homme d'État ne dédaigna pas de descendre à une remarque peu conséquente, il faut en convenir, et à sa gravité ordinaire et à certains souvenirs de sa vie. Il se rappela qu'à Rome, plus d'une fois, il avait vu aussi danser mademoiselle de Lanty, et, comparaison faite de l'original à la copie, il constata, non sans quelque complaisance, qu'au bal, malgré la différence d'âge, il n'avait pas été frappé, chez la jeune fille, d'un air plus virginal et d'un ensemble de tournure plus élégant et plus gracieux.

A ce compte, pour les lecteurs un peu prévoyants, qui dès longtemps ont pu soupçonner qu'entre ces deux natures si contenues, et en apparence si bien gardées par leur passé respectif, pouvait à la longue s'opérer un contact de cœur plus étroit, n'y aurait-il pas lieu de constater une certaine progression venant de s'opérer au milieu de leur gravitation jusqu'ici à peine sensible ?

Ce sera, si l'on veut, par pure déférence pour les conseils de madame de Camps que madame de l'Estorade avait été amenée à modifier complètement ses sévères dispositions ; mais à moins d'admettre une lointaine atteinte du sentiment dont son amie avait insinué l'existence, resterait-il croyable qu'elle eût donné à la manifestation de cette bienveillance inspirée, une animation si singulière, et que sur une simple parole de sa fille, ses nerfs, par lesquels elle s'était laissé surprendre, se fussent montés à ce point ?

De son côté, avant même d'avoir pris possession de la situation privilégiée qui lui était dénoncée et offerte avec tant d'abandon, voilà monsieur le député entraîné à prêter à des grâces extérieures une attention sinon très imprudente au moins très inutile, car le fond de la thèse prêchée par madame de Camps était vrai : « L'amitié d'homme à femme » n'est ni une illusion impossible ni un » abîme toujours ouvert. » Mais à la pratique, il faut le remarquer, ce sentiment dont on se leurre devient souvent un point bien étroit jeté sans appui fixe au-dessus d'un torrent, et, pour le traverser sans encombre, ménager de part et d'autre son sangfroid, avoir des nerfs moins irritables que madame de l'Estorade, et ne pas regarder de droite et de gauche comme venait de faire l'homme d'État, est une sagesse bien nécessaire.

De toute cette observation, si subtile qu'elle puisse paraître, il y aurait donc, ce semble, quelque chose à conclure, et la conclusion semblerait être une élévation prochaine de température entre ces deux sympathies jusque-là si négatives et si lentes à se manifester.

Mais en arrivant à Ville-d'Avray, Sallenauve allait se trouver en présence d'un événement étrange ; et qui ne sait comment les événements, à l'encontre de notre volonté, disposent souvent de nos résolutions les plus avancées ?

Sallenauve, ne s'était pas trompé en

concevant, sur l'état moral de son ami, de graves sollicitudes.

Lorsque brusquement, et presqu'aussitôt après la mort de sa femme, Marie-Gaston avait quitté les lieux où s'était accomplie leur cruelle séparation, s'il eût été sage, il eût dû prendre avec lui-même l'engagement de ne les revoir jamais.

La nature, l'ordre providentiel ont voulu qu'en présence des sévérités de la mort, ceux qu'elle vient frapper dans les objets qui leur sont chers, quand ils acceptent le décret avec cette résignation qui doit être attendue pour l'exécution de toute loi nécessaire, ne restent pas long-temps sous l'influence de la même vivacité d'impression. Rousseau l'a dit dans sa fameuse lettre contre le *suicide :* « La » tristesse, l'ennui, les regrets, le déses- » poir sont des douleurs peu durables, » qui ne s'enracinent jamais dans l'âme, » et l'expérience dément toujours ce sen- » timent d'amertume, qui nous fait re- » garder nos peines comme éternel- » les. »

Mais cela cesse d'être vrai pour les imprudents qui, voulant échapper à la première morsure de la douleur, cherchent à s'y soustraire, ou par la fuite ou par quelque violente distraction. Toute souffrance morale est une sorte de maladie qui, ayant le temps pour spécifique, s'use et s'éteint d'elle-même comme tout ce qui est violent. Au contraire, si au lieu de la laisser se consumer lentement et sur place, on l'attise par le mouvement ou par des remèdes extrêmes, on gêne l'action de la nature; on se prive de ce bénéfice d'oubli relatif, promis à ceux qui savent se laisser souffrir, et l'on en arrive à transformer en une affection chronique, dont les ravages pour être déguisés, n'en sont pas moins profonds, un mal aigu, dont on a contrarié la crise salutaire. L'imagination vient alors se mettre de la partie avec le cœur, et

comme celui-ci, de sa nature, est borné
tandis que l'autre est infini, nul moyen
de calculer, sous l'empire bientôt prédo-
minant de cette furieuse, la violence des
impressions auxquelles l'homme peut
être livré.

En parcourant cette habitation où,
après deux ans d'absence, il s'était figuré
ne plus trouver que la mélancolie des
souvenirs, Marie-Gaston n'avait pu faire
un pas, rencontrer sur son chemin un
objet, sans qu'à la fois tous ses jours de
bonheur et de dénoûment funeste qui
les avait couronnés vinssent se dresser
devant lui.

Dans les fleurs que sa femme avait aimées dans ces gazons, dans ces arbres reverdis au souffle de la tiède haleine de mai, tandis que celle qui avait créé toute cette belle nature était étendue sous la terre froide, dans toutes les élégances rassemblées à plaisir pour orner ce merveilleux nid de ses amours, il y avait pour l'absent, qui avait osé revenir affronter sa dangereuse atmosphère, comme un chœur de lamentations et comme un long hurlement de deuil.

Épouvanté à mi-chemin par le vertige de douleur dont il s'était trouvé saisi, Marie-Gaston, comme l'avait très bien remarqué Sallenauve, n'avait point osé gravir le dernier degré de son calvaire. Au loin, on l'avait vu froidement occupé à dresser le devis de la sépulture domestique, qu'avec le concours de son ami il avait rêvé d'élever aux restes mortels de sa Louise aimée, et maintenant il ne pouvait pas prendre sur lui d'aller leur rendre un pieux hommage dans le cimetière du village où ils avaient été déposés.

Tout était donc à craindre d'une douleur qui, au lieu de s'assoupir sous la main du temps, allait, au contraire, s'exaspérant par sa durée même, où elle semblait, en quelque sorte, avoir retrempé son aiguillon.

Aussi à mesure que Sallenauve approchait de la triste maison, cessant de penser à lui-même et aux joies ou aux mécomptes que l'avenir pouvait lui tenir en réserve, il se sentait plus tourmenté d'une vague inquiétude, et deux ou trois fois il avait dit au cocher qui le conduisait de pousser ses chevaux et de se hâter d'arriver.

La porte lui fut ouverte par Philippe, ce vieux domestique qui déjà, du temps de madame Marie-Gaston, était majordome de la maison.

— Votre maître, comment va-t-il? lui demanda Sallenauve.

— Parti, monsieur, répondit Philippe.

— Comment! parti?

— Oui, monsieur, avec cet Anglais que monsieur a laissé tantôt avec lui.

— Mais sans rien faire dire pour moi, sans que vous sachiez où ils sont allés?

— Après le dîner qui s'était bien passé, monsieur tout à coup a donné l'ordre de lui arranger dans une malle quelques effets de voyage; lui-même a mis la main à ces dispositions. Pendant ce temps, l'Anglais, après avoir dit qu'il allait dans le parc fumer un cigare, m'a demandé mystérieusement où il pourrait écrire hors de la vue de monsieur. Je l'ai conduit dans ma chambre, sans oser lui demander ce que voulait dire ce voyage, car je n'ai jamais vu personne ayant l'air moins communicatif et moins accueillant. La lettre faite, tout était prêt; alors, sans me donner aucune explication, ces deux messieurs sont montés dans la voiture de l'Anglais, et j'ai entendu qu'on disait au cocher : à Paris!

— Mais cette lettre? dit vivement Sallenauve.

— Elle est à l'adresse de monsieur, et l'Anglais me l'a remise en cachette, comme il l'avait écrite.

— Donnez donc, mon cher! dit vivement Sallenauve, qui, sans quitter l'antichambre où il s'était arrêté pour questionner Philippe, se mit à lire avec émoi.

La lettre lue, sa figure parut à Philippe toute bouleversée.

— Empêchez qu'on ne détèle dit-il.

Et il se mit à lire une seconde fois.

Comme le vieux domestique revenait après avoir exécuté l'ordre qu'il avait reçu :

— A quelle heure sont-ils partis? demanda Sallenauve.

— Sur les neuf heures.

— Trois heures d'avance se dit à lui-même le député en regardant sa montre, qui marquait minuit et quelque chose, et il se dirigea vers la voiture qui allait l'emmener. Au moment où il y montait :

— Monsieur, se décida à dire le majordome, n'a rien appris de fâcheux par cette lettre ?

— Non, mais votre maître pourra être absent pendant quelque temps ; ayez soin de tenir la maison bien en ordre.

Ensuite, comme les deux voyageurs qui l'avaient précédé, il dit au cocher : à Paris !

CHAPITRE QUATRIÈME

IV

La lettre.

Le lendemain matin d'assez bonne heure, dans son cabinet, M. de l'Estorade s'occupait à un soin étrange.

On se rappelle que le jour où Sallenauve lui avait fait parvenir la statuette de madame de l'Estorade, jamais il n'avait su trouver une place où, à son gré, le chef-d'œuvre fût assez en lumière.

Depuis le moment où Rastignac lui avait insinué que sa liaison avec le sculpteur devenu député pouvait le mettre mal en cour, il en était venu à trouver avec son fils Armand que l'artiste avait donné, à madame de l'Estorade, un air de grisette; mais, maintenant que, par sa résistance aux enlacements ministériels, Sallenauve s'était posé en adversaire irrémédiable du gouvernement, sa statuette, dont il est vrai de dire que la poussière avait un peu altéré la fraîcheur et l'aspect, ne paraissait plus au pair de

France chose montrable, et le digne homme s'ingéniait à découvrir un coin reculé où, sans se donner le ridicule de la faire complétement disparaître, il pût néanmoins la placer hors de la vue des visiteurs, de manière à être dispensé de dire le nom de l'auteur qui lui était demandé à tout venant.

Il était donc juché sur le plus haut degré d'une échelle de bibliothèque, tenant entre ses mains le cadeau du sculpteur et se disposant à l'ostraciser sur le haut d'une armoire. Là ce malheureux plâtre allait être déporté en la compagnie d'un courlis et d'un cormoran tués par Armand aux vacances précédentes. C'était les débuts de chasse du jeune collégien, et, à ce titre, la satisfaction paternelle leur avait décerné les honneurs de *l'empaillage.*

Sur ce, ouvrant la porte du cabinet, Lucas annonce :

— Monsieur Philippe.

L'âge du vieux majordome et la position de confiance qu'il occupait dans la maison de Marie-Gaston, avaient paru au factotum de la maison l'Estorade autoriser le *monsieur*, politesse à charge de revanche, bien entendu.

Descendu de ses hauteurs, le pair de France demanda à Philippe ce qui l'amenait et s'il y avait du nouveau à Ville-d'Avray?

Le vieux domestique raconta le singulier départ de son maître, suivi du non moins singulier départ de Sallenauve, ayant l'air de courir sur les traces d'une jeune fille enlevée; ensuite il ajouta:

— Ce matin, en rangeant dans la chambre de monsieur, j'ai fait tomber d'un livre une lettre adressée à madame la comtesse. Comme cette lettre était cachetée et toute prête à être envoyée, j'ai pensé que monsieur, dans la brusquerie de ses préparatifs, avait oublié de me charger de la mettre à la poste. A tout hasard, je l'apporte; peut-être madame la comtesse y trouvera-t-elle quelques explications relatives à ce voyage inattendu auquel je n'ai pas cessé de rêver toute la nuit.

M. de l'Estorade prit la lettre.

— Trois cachets noirs! dit-il en la retournant.

— Ce n'est pas la couleur qui m'étonne, répondit Philippe : Depuis la mort de madame, monsieur n'a pas quitté le deuil, mais j'avoue que ces trois cachets m'ont aussi paru singuliers.

— C'est bien, dit le pair de France, je remettrai cette lettre à ma femme.

— Si quelque chose s'y trouvait qui pût me rassurer sur le compte de monsieur, demanda Philippe, est-ce que monsieur le comte aurait la bonté de m'en faire communication ?

— Vous pouvez y compter, mon cher; au revoir.

— Je demande bien pardon à monsieur le comte d'avoir un avis, reprit le majordome sans accepter le congé qui venait de lui être donné, mais dans le cas où cette lettre contiendrait quelque mauvaise nouvelle, monsieur le comte ne pense-t-il pas qu'il ferait mieux d'en prendre connaissance, afin de pouvoir préparer madame la comtesse?

— Comment! Est-ce que vous supposeriez?.. demanda M. de l'Estorade sans achever son idée.

— Je ne sais pas, mais monsieur était bien sombre tous ces derniers jours.

— Décacheter une lettre qui ne vous est pas adressée est toujours chose grave, remarqua le président de la cour des comptes. Il y a mieux : celle-ci porte l'adresse de ma femme ; mais, par le fait, elle ne lui a pas été envoyée, en sorte que vraiment le cas est embarrassant.

— Si pourtant, en en prenant lecture, on pouvait empêcher un malheur !

— Eh bien oui ! c'est justement ce qui me met en doute.

Madame de l'Estorade trancha la question en entrant.

Lucas l'avait déjà mise au courant de la venue du vieux Philippe.

— Qu'y a-t-il donc? demanda la comtesse avec une curiosité assez inquiète. Les appréhensions que Sallenauve lui avait montrées la veille revenaient toutes à son esprit.

Après que le majordome eut recommencé les explications précédemment données à M. de l'Estorade, elle n'hésita pas à rompre les cachets :

— J'en sais trop maintenant, répondit-elle à son mari, qui voulut lui persuader de n'en rien faire, pour que la pire des certitudes ne soit pas préférable au doute où nous resterions.

Quel que soit le contenu de cette inquiétante épître, rien ne parut s'en refléter sur le visage de la comtesse.

— Vous dites donc, demanda-t-elle à Philippe, que votre maître est parti dans la compagnie de cet Anglais, sans paraître céder à aucune violence?

— Loin de là, madame; il aurait eu plutôt un air assez gai.

— Eh bien! il n'y a rien qui doive nous inquiéter. Cette lettre était écrite depuis longtemps, et, malgré ses trois cachets noirs, elle n'a aucune espèce de sens aujourd'hui.

Philippe salua et sortit.

Quand les époux furent seuls :

— Enfin, que vous dit-il? demanda M. de l'Estorade.

Et il fit le mouvement de prendre la lettre restée aux mains de sa femme.

— Non, ne la lisez pas, dit la comtesse sans se prêter à ce désir.

— Mais pourquoi ?

— Elle vous ferait mal. C'est bien assez que j'en aie eu l'émotion, et devant ce vieux serviteur encore, devant lequel j'ai dû me contraindre.

— Est-ce qu'elle révèlerait un projet de suicide ?

Madame de l'Estorade, sans parler, fit un geste de tête affirmatif.

— Mais un projet actuel, immédiat ?

— La lettre est datée d'hier matin et, selon toute apparence, sans l'intervention vraiment providentielle de cet étranger, hier soir, pendant l'absence de M. de Sallenauve, le malheureux eût accompli sa funeste résolution.

— On ne l'a sans doute enlevé que pour faire obstacle à sa fatale idée ; dès lors, on ne le perdra pas de vue.

— Il faut aussi compter, remarqua madame de l'Estorade, sur l'intervention de

M. de Sallenauve, qui probablement les aura rejoints.

— Alors, reprit M. de l'Estorade, cette lettre n'a rien de si terrible.

Et il voulut de nouveau se la faire remettre.

— Mais, dit madame de l'Estorade en retirant sa main, puisque je vous supplie de ne pas la lire! Pourquoi vouloir se créer des émotions douloureuses? Ce n'est pas seulement une idée de suicide, c'est un complet dérangement d'esprit qu'accuse notre malheureux ami.

A ce moment des cris perçants, poussés par René, le plus jeune de ses enfants, vinrent mettre madame de l'Estorade dans un de ces émois maternels, dont moins que personne elle était capable de maîtriser l'élan.

— Mon Dieu ! qu'arrive-t-il ? s'écria-t-elle en se précipitant hors du cabinet.

Moins prompt à s'épouvanter, M. de l'Estorade se contenta d'aller à la porte et de demander à un domestique ce qui se passait.

— Ce n'est rien, monsieur le comte, lui fut-il répondu, c'est M. René qui, en voulant fermer un tiroir, s'est pincé le bout du doigt.

Le pair de France ne crut pas devoir se transporter sur le lieu du *sinistre*; il savait qu'en pareil cas, sous peine d'être vivement rabroué, il fallait laisser sa femme donner un libre cours à l'exagération de sa sollicitude maternelle.

Comme il revenait prendre place à son

bureau, il sentit sous son pied un papier;
c'était la fameuse lettre que madame de
l'Estorade avait laissée tomber en courant, et dont elle n'avait pu remarquer la
chute sur le tapis.

L'occasion et une certaine fatalité qui
souvent semble présider à la conduite
des choses humaines, le poussant, M. de
l'Estorade, qui ne s'expliquait pas la résistance de sa femme, s'empressa de satisfaire sa curiosité. Marie-Gaston écrivait :

« Madame,

» Cette lettre vous semblera moins

amusante que celles qui vous étaient adressées par moi d'Arcis-sur-Aube.

» Il ne faut pourtant pas trop vous effrayer du parti pris que je vous annonce. Je vais tout simplement rejoindre ma femme, dont je suis séparé depuis trop longtemps, et ce soir, un peu après minuit, je me serai réuni à elle pour ne plus la quitter.

» Vous vous êtes dit sans doute, vous et Sallenauve, que j'étais bien singulier de n'avoir pas encore été visiter sa tombe ; c'est une remarque que faisaient l'autre jour deux de mes domestiques qui causaient sans savoir que je les écoutais.

» J'aurais été vraiment un grand sot d'aller regarder dans ce cimetière une grande pierre qui ne m'aurait rien dit du tout, quand tous les soirs, minuit sonnant, j'entendais frapper un petit coup à la porte de ma chambre, que j'ouvrais aussitôt à notre chère Louise qui n'est pas changée du tout, et que j'ai trouvée au contraire embellie et engraissée.

» Elle a eu assez de peine à obtenir de

Marie, reine des anges, que je pusse être réformé de la terre ; mais hier soir enfin, elle m'a apporté mon congé en bonne forme, scellé du grand sceau de cire verte, et elle m'a remis en même temps un petit flacon d'acide cyanhydrique. Avec une seule goutte on s'endort, et, en se réveillant, on se trouve de l'autre côté.

» Louise m'a aussi chargé pour vous d'une commission, qui est de vous dire que M. de l'Estorade a une maladie de foie, qu'il ne peut pas vivre longtemps, et qu'après sa mort vous devez épouser Sallenauve parce qu'on est toujours réuni *là-bas* aux maris que l'on a aimés, et qu'elle trouvera bien plus agréable notre partie carrée avec vous, moi et Sallenauve qu'avec votre M. de l'Estorade, qui est ennuyeux à la mort et que vous n'avez épousé qu'à regret.

» Ma commission faite, il ne me reste plus, madame, qu'à vous souhaiter la patience du temps que vous avez encore à passer ici-bas et à me dire votre très affectueusement dévoué. »

Si, à la suite de sa lecture, M. de l'Estorade avait eu l'idée de se regarder au miroir, il eût pu reconnaître à la subite décomposition de ses traits la sourde et terrible atteinte que lui-même, par sa malheureuse curiosité, venait de se porter.

Son cœur, son esprit, son amour-propre n'avaient reçu qu'un seul et même choc, et le caractère de folie bien apparente qui se marquait dans l'espèce de prédiction dont il était l'objet ne la lui fit paraître que plus redoutable. Venant à se persuader comme les musulmans que les fous sont doués d'une sorte de seconde vue, il se vit perdu, éprouva aussitôt du côté de son foie malade une douleur lancinante et fut pris à l'endroit de Sallenauve, son successeur désigné, d'un accès de haine jalouse qui désormais coupait court entre eux à toute relation bienveillante. Mais, en même temps, comme il sentait un grand ridicule et une absence complète de raison dans l'impression par laquelle il venait d'être envahi, il eut peur qu'on en pût soupçonner l'existence, et avec cet instinct de secret qui porte toujours les malades frappés, à dissimuler profondément leur blessure, il s'occupa de la manière dont il pourrait cacher à sa femme l'indiscrétion qui désormais allait peser sur sa vie.

Il eût été peu vraisemblable que, tombé à portée de son œil, le funeste papier n'eût pas été remarqué par lui, et de là au soupçon qu'il en avait pris connaissance, il comprit que la déduction était trop prochaine. Alors, se levant, il ouvrit à petit bruit la porte de son cabinet, et, après s'être assuré qu'il n'y avait personne dans le salon dont il était précédé, il alla sur la pointe du pied jeter à l'extrémité de cette pièce la lettre que madame de l'Estorade serait censée avoir laissé tomber à cette place ; puis, comme un écolier qui vient de faire un mauvais coup, et qui veut dépayser le surveillant par l'ardeur de son application, il s'empressa d'éparpiller sur son bureau les pièces d'un volumineux dossier de la cour des comptes, de manière à paraître enfoncé dans les chiffres quand sa femme reviendrait.

Inutile d'ajouter qu'en attendant, il prêtait soigneusement l'oreille pour entendre si quelqu'autre que madame de l'Estorade venait à entrer dans le salon où il avait dressé son piége; dans ce cas il se fût empressé d'intervenir pour empêcher que des yeux indiscrets ne se portassent sur ce papier dépositaire de si étranges secrets.

La voix de madame de l'Estorade, parlant avec quelqu'un, et bientôt après, son entrée dans le cabinet, en la compagnie de M. Octave de Camps, annoncèrent au pair de France le succès de sa ruse. En allant assez loin au-devant de son visiteur, il put, par la porte restée entr'ou-

verte, jeter un coup d'œil sur la place
où il avait déposé la lettre. Non-seulement, elle n'y était plus, mais il surprit
un mouvement par lequel madame de
l'Estorade s'assurait qu'elle l'avait solidement cachée dans son peignoir, à l'endroit où Louis XIII n'osait point poursuivre les secrets de mademoiselle
d'Hautefort.

— Je viens, mon cher, dit M. Octave
de Camps, vous prendre pour aller chez
Rastignac, ainsi que cela a été convenu
hier au soir.

— Très bien ! dit le pair de France, en

rangeant ses papiers avec un fiévreux empressement, qui n'indiquait pas un homme dans son état normal.

— Est-ce que vous souffrez ? demanda madame de l'Estorade, qui savait trop son mari par cœur pour ne pas être frappée de la singulière habitude extérieure qu'elle lui voyait dans le moment; en même temps, elle le regarda au visage et remarqua la profonde altération de sa physionomie.

— Mais au fait, dit M. Octave de Camps, vous n'avez pas l'air dans votre assiette ; si vous voulez, nous remettrons cette visite.

— Du tout, répondit M. de l'Estorade, je m'étais actionné à ce travail, et j'ai besoin de me reconnaître. Mais René, ajouta-t-il en s'adressant à sa femme, dont il sentait l'attention pesant sur lui comme un poids, qu'avait-il donc à crier ainsi ?

— Un *bobo*, repartit madame de l'Estorade sans se laisser détourner de son examen.

— Eh bien ! mon cher, dit le pair de

France en prenant l'air le plus dégagé qu'il lui fut possible, je vais passer un habit et je suis à vous.

Quand la comtesse fut seule avec M. de Camps :

— Ne trouvez-vous pas, lui demanda-t-elle, que M. de l'Estorade a l'air bien défait ce matin ?

— Comme je le disais tout à l'heure, il y a en lui quelque chose de singulier. Mais son explication est très plausible ; nous l'avons surpris dans le coup de feu de sa besogne. C'est un mauvais régime que la vie de cabinet, je ne me suis jamais porté comme depuis l'acquisition de ces forges auxquelles vous en voulez tant.

— Ah! certainement, dit madame de l'Estorade avec un profond soupir, il lui faudrait du mouvement, la vie active, car, il n'y a pas à s'y méprendre, il y a chez lui une affection du foie commencée.

— Parce qu'il a le teint jaune? mais je l'ai toujours connu ainsi.

— Oh! monsieur, je ne m'y trompe pas. Il y a dans son état quelque chose de grave, et vous devriez bien me rendre un service.

— Madame, je suis tout à vos ordres.

— Quand M. de l'Estorade va revenir, parlons de la petite meurtrisure que René vient de se faire au doigt. Dites-moi que ces accidents négligés peuvent avoir des suites graves ; qu'on a vu la gangrène s'y mettre et une amputation devenir nécessaire. J'aurai ainsi un prétexte pour faire venir le docteur Bianchon.

— Très volontiers, répondit M. de Camps, je ne trouve pas la présence du médecin très nécessaire ; mais si cela doit vous rassurer...

A ce moment, M. de l'Estorade reparut ; il avait repris à peu près son visage ordinaire, mais il exhalait une forte odeur d'eau de mélisse des Carmes, ce qui indiquait qu'il avait eu besoin d'avoir recours à ce cordial pour se remonter.

M. de Camps joua son rôle de médecin Tant-Pis à ravir ; quant à madame de l'Estorade, elle n'avait pas de grands frais à faire pour simuler une vive anxiété, sa comédie ne portait que sur l'objet.

— Mon ami, dit-elle à son mari, après la dissertation médicale du maître de forges, en revenant de chez M. de Rastignac, passez, je vous prie, chez le docteur Bianchon.

— Allons donc! fit M. de l'Estorade en haussant les épaules, déranger un homme si occupé pour ce que vous appeliez vous-même un *bobo!*

— Si vous ne voulez pas y aller, je vais envoyer Lucas : M. de Camps m'a toute bouleversée.

— S'il vous plaît d'être ridicule, répondit aigrement le pair de France, je n'ai aucun moyen de vous en empêcher ; mais je vous ferai remarquer une chose, c'est que quand on dérange les médecins pour des niaiseries, dans les cas graves on ne les a plus.

— Ainsi, vous n'irez pas chez le docteur?

— Je m'en garderai bien, répondit M. de l'Estorade, et si j'avais l'honneur d'être quelque chose dans ma maison, je vous défendrais d'y envoyer quelqu'un à ma place.

— Mon ami, vous êtes le maître, et puisque vous mettez à votre refus tant d'animation, n'en parlons plus ; je dévorerai mon inquiétude.

— Venez-vous, de Camps? dit M. de l'Estorade, car, pour peu que cela continue, on me chargerait d'aller commander le convoi de l'enfant.

— Mais, mon ami, dit la comtesse en lui prenant la main, est-ce que vous êtes malade pour dire de sangfroid des choses si affreuses? Je ne reconnais là ni votre patience accoutumée pour mes petits travers maternels, ni même l'exquise politesse dont vous vous piquez avec tout le monde, votre femme comprise.

— Non, mais, dit M. de l'Estorade en s'exaltant au lieu de se calmer sous cette forme de reproche si mesurée et en même temps si amicale, c'est que votre maternité tourne à la monomanie et que vous rendez la vie insupportable à tout ce qui n'est pas vos enfants. Que diable! s'ils sont les enfants, je suis le père, et si je ne suis pas adoré comme eux, au moins ai-je le droit de prétendre à ce qu'on ne me fasse pas ma maison intenable.

Pendant qu'en se promenant à grands

pas M. de l'Estorade débitait cette catilinaire, la comtesse fit à M. de Camps un geste désespéré comme pour lui demander si, dans cette scène, il ne voyait pas un effrayant symptôme.

Afin de couper court à ce regrettable conflit dont il avait été la cause involontaire :

— Partons-nous? demanda-t-il à son tour.

— Allons, fit M. de l'Estorade en passant le premier et sans dire adieu à sa femme.

— Ah ! une commission que j'oubliais, dit le maître de forges, revenant sur ses pas, madame de Camps doit venir vous prendre sur les deux heures, chère madame, pour aller avec vous, à *Jean de Paris,* voir des étoffes de printemps ; elle a arrangé ensuite que nous irions tous les quatre à l'exposition d'horticulture. En sortant de chez Rastignac, l'Estorade et moi reviendrons vous prendre, et nous vous attendrons si vous n'étiez pas rentrées.

Madame de l'Estorade fit à peine attention à tout ce programme ; une illumination venait de visiter son esprit.

Aussitôt qu'elle fût seule, elle prit la lettre de Marie-Gaston, et la trouvant pliée dans ses plis :

— Plus de doute! s'écria-t-elle, je l'avais replacée dans l'enveloppe, l'écriture en dehors : le malheureux l'aura lue!

CHAPITRE CINQUIÈME

V

Changement de décoration.

Quelques heures plus tard, madame de l'Estorade et madame de Camps étaient réunis dans le même salon, où la cause de Sallenauve avait été si éloquemment plaidée quelques jours avant.

— Mais qu'avez-vous ? bon Dieu ! dit madame Octave de Camps, en trouvant son amie en larmes et achevant d'écrire une lettre.

Madame de l'Estorade lui raconta tout ce qui venait de se passer, et lui lut la lettre de Marie-Gaston.

A un autre moment, le malheur que révélait cette lettre eût vivement frappé l'esprit de madame de Camps, mais l'autre malheur dont elle pouvait être cause, absorbant toute son attention :

— Êtes vous bien sûre, au moins, demanda-t-elle, que votre mari ait pris connaissance de ce malencontreux écrit ?

— Le moyen d'en douter ? repartit madame de l'Estorade, ce papier ne peut pas s'être retourné seul dans son enveloppe ; d'ailleurs, en me rappelant bien tout, j'ai comme une idée, au moment où je courais auprès de René, d'avoir senti tomber quelque chose ; la fatalité a voulu que je ne m'y sois pas arrêtée.

— Bien souvent, en torturant ainsi sa mémoire, on arrive à en obtenir des indications trompeuses.

— Mais, chère madame, ce bouleversement de physionomie qui s'est tout à coup montré chez M. de l'Estorade, ne peut être que le résultat d'une émotion instantanée ; on eût cru voir un homme frappé de la foudre.

— Alors, dans ce qui s'explique si bien par une désagréable surprise, pourquoi vouloir découvrir le symptôme d'une hépatite?

— Ah! ce n'est pas d'aujourd'hui, répondit madame de l'Estorade, que je crois à l'existence de cette affection! seulement, quand les malades ne se plaignent pas, on s'étourdit sur eux. Tenez, ma chère, ajouta-t-elle, en montrant un volume encore ouvert auprès d'elle, un peu avant votre arrivée, je voyais, dans ce dictionnaire de médecine, que chez les gens qui souffrent du foie, le caractère devient morose, inquiet, irritable. Eh bien! précisément depuis quelque temps je remarque chez mon mari un grand changement d'humeur ; vous-même, l'autre jour, me le signaliez ; rien que cette scène, d'ailleurs, dont M. de Camps a été témoin et qui dans notre ménage est sans précédent, me paraît la plus effrayante des indications.

— Ma chère bonne, vous êtes comme

les gens qui ont résolu de se tourmenter ; d'abord vous regardez dans les livres de médecine, ce qui est le comble de l'imprudence. Je vous défie de lire la description d'une maladie, sans croire la reconnaître chez vous ou chez ceux qui vous intéressent ; ensuite vous confondez tout : les effets de la peur avec les effets d'une maladie chronique, quand rien au monde n'est plus différent.

— Mais non, je ne confonds rien, et je sais bien ce que je dis ; êtes-vous donc à apprendre que, dans notre pauvre machine humaine, s'il existe quelque partie antérieurement affectée, c'est sur ce point que vont retentir toutes les émotions fortes par lesquelles nous pouvons être frappées ?

— Enfin, dit madame de Camps, sans prolonger plus longtemps la discussion médicale, si la lettre de ce malheureux fou peut avoir action sur la santé de votre mari, elle menace bien plus prochainement la paix de votre ménage, et c'est à cela qu'il faut aviser.

— Il n'y a pas deux partis à prendre, dit madame de l'Estorade, M. de Sallenauve ne doit plus remettre le pied dans cette maison.

— A ce sujet, il y a beaucoup à dire, et je voulais justement en causer avec vous. Savez-vous qu'hier, je n'ai pas trouvé en vous cette mesure, qui est l'un des traits les plus saillants de votre caractère.

— Quand cela donc? demanda madame de l'Estorade.

— Mais au moment où vous avez eu avec M. de Sallenauve cet élan de reconnaissance. Lorsque je vous conseillais de ne pas le fuir, de peur de lui donner envie de courir sur vos talons, je ne vous conseillais pas non plus de lui jeter votre bienveillance à la tête, de manière à la lui faire tourner ; femme d'un dynastique aussi zélé que M. de l'Estorade, vous devriez mieux savoir ce que c'est que le juste milieu.

— Ah ! chère, je vous en supplie, pas d'esprit sur mon pauvre mari.

— Il ne s'agit pas de votre mari ; il s'agit de vous, ma toute belle ; hier vous m'avez étonnée à ce point que j'arrivais toute décidée à faire amende honorable de mon inspiration première. J'aime qu'on suive mes avis, mais je n'aime pas qu'on les suive trop.

— A un autre moment, je vous aurais priée de m'expliquer quelle est donc cette grande débauche que j'ai faite de vos conseils; mais quand la fatalité a tout réglé, quand il faut à tout prix que M. de Sallenauve disparaisse de notre chemin, à quoi bon discuter le degré de bienveillance jusqu'auquel on devrait aller avec lui?

— Du reste, reprit madame Octave de Camps, s'il faut tout vous dire, j'arrivais à trouver cet homme dangereux pour vous, encore, par un autre côté.

— Qui est...? demanda madame de l'Estorade.

— Celui de Naïs : cette petite, avec sa passion pour son sauveur, commençait à m'inquiéter beaucoup.

— Oh! dit la comtesse en souriant mélancoliquement, n'est-ce pas prêter bien de l'importance à des enfantillages ?

— Naïs, sans doute, est une enfant, mais qui sera plutôt femme que pas une. Ne me l'écriviez-vous pas vous-même, que vous étiez épouvantée de l'intuition qu'elle semblait avoir en de certaines matières tout à fait au-dessus de son âge ?

— Cela est vrai. Mais dans ce que vous appelez sa passion pour M. de Sallenauve, outre qu'il n'y a rien que de naturel, cette chère petite met un abandon et une publicité qui laisse à ce sentiment tout son caractère enfantin.

— Eh bien ! croyez-moi, ne vous y

fiez pas, même après l'éloignement de notre fâcheux ! Admettez, en effet, que, le moment de marier votre fille arrivé, ce goût ait grandi avec elle, imaginez un peu le bel embarras !

— Oh ! d'ici là, Dieu merci !... fit madame de l'Estorade, d'un air d'incrédulité.

— D'ici là, répéta madame Octave de Camps, M. de Sallenauve peut avoir obtenu des succès qui mettent son nom dans toutes les bouches, et avec sa vive imagination, plus que toute autre, Naïs est susceptible de se prendre à cet éclat.

— Mais, chère belle, rien que la disproportion d'âge.

— M. de Sallenauve a trente ans, Naïs en a bientôt treize, c'est juste la différence qui existait entre votre âge et celui de M. de l'Estorade quand vous l'avez épousé.

— Au fait vous pouvez voir juste, dit madame de l'Estorade, et ce que j'ai fait par raison Naïs pourrait le vouloir follement; mais soyez tranquille, je ruinerai si bien cette idole dans son esprit!...

— Cela encore, comme la comédie de

haine que vous allez jouer au profit de M. de l'Estorade, demande à être ménagé ; faute d'y mettre une certaine transition, vous pourriez manquer votre but : il ne faut pas laisser soupçonner l'inspiration des circonstances là où l'on ne doit croire qu'à un mouvement tout à fait spontané.

— Mais, dit madame de l'Estorade avec exaltation, croyez-vous qu'il doive y avoir dans mon fait beaucoup d'aversion jouée ? Mais je le hais, cet homme, qui est notre mauvais génie !

— Voyons, chère belle, plus de calme !

Je ne vous reconnais plus : vous autrefois l'impassible raison !

A ce moment entra Lucas, venant demander à sa maîtresse si elle voulait recevoir *un* monsieur Jacques Bricheteau.

Madame de l'Estorade eut l'air de consulter son amie en lui disant :

— C'est cet organiste qui a tant servi M. de Sallenauve dans son élection ; je ne sais ce qu'il peut me vouloir.

— N'importe, répondit madame de

Camps, recevez-le. Avant de commencer les hostilités, il n'est pas mauvais de savoir ce qui se passe dans le camp ennemi.

— Faites entrer, dit la comtesse.

Jacques Bricheteau fut introduit.

Il comptait si bien, au contraire, se présenter en pays ami, qu'aucun soin particulier de toilette ne lui avait paru nécessaire. Une ample redingote couleur marron, dont on aurait vainement essayé de rattacher la coupe à la mode d'aucune époque ; un gilet de tartan à carreaux gris et verts boutonné jusqu'au cou et au-dessous d'une cravate noire sans col et roulée en corde, laissant entrevoir un aperçu de chemise d'une fraîcheur très controversable ; un pantalon jaunâtre, des bas gris et des souliers lacés, tel était le costume plus que négligé dans lequel l'organiste abordait l'élégante comtesse.

Engagé tout juste à s'asseoir :

— Madame, dit-il, je suis peut-être indiscret en me présentant ici sans avoir l'honneur d'être connu de vous ; mais M. Marie-Gaston m'a parlé du désir que vous auriez de me voir donner quelques leçons à mademoiselle votre fille. J'avais d'abord répondu que la chose serait difficile, toutes mes heures étant prises ; mais M. le préfet de police vient de me faire des loisirs en me destituant d'une place que je remplissais dans son administration, je suis donc assez heureux pour pouvoir me mettre tout entier à votre disposition.

— Est-ce que votre destitution, monsieur, demanda madame de Camps, a eu pour cause la part que vous avez prise à l'élection de M. de Sallenauve.

— Comme on ne m'a donné aucune raison, cela me paraît très probable, d'autant mieux que, depuis vingt ans, mon renvoi se trouve être la seule difficulté que j'aurai jamais eue avec mes chefs.

— On ne peut se le dissimuler, dit assez aigrement madame de l'Estorade, dans cette circonstance vous avez bien contrarié les vues du gouvernement !

— Aussi, madame, ai-je accepté cette destitution comme un malheur tout à fait prévu ; quel intérêt, après tout, que la conservation de ma chétive place, au prix de la nomination de M. de Sallenauve!

— Je suis vraiment désolée, reprit madame de l'Estorade, de ne pouvoir mieux répondre à l'empressement que vous voulez bien me témoigner ; mais, je dois vous l'avouer, je n'ai pas encore de parti pris au sujet du professeur de ma fille, et je crains un peu, malgré l'immense talent que tout le monde vous reconnaît, la gravité de votre enseignement pour une petite fille de treize ans.

— C'est qu'au contraire, répondit Jacques Bricheteau, personne, madame, ne me reconnaît de talent : M. de Sallenauve et M. Marie-Gaston m'ont entendu une fois ou deux ; mais, à part cela, je suis le professeur le plus obscur, et, vous avez peut-être raison, le plus ennuyeux que l'on puisse imaginer; ainsi, laissons de côté la question des leçons à donner à mademoiselle votre fille, et parlons de l'intérêt plus réel qui m'amène ici : il s'agit de M. de Sallenauve.

— M. de Sallenauve, demanda madame de l'Estorade avec une froideur marquée, vous a-t-il chargé de quelque démarche auprès de mon mari ?

— Non, madame, répondit Jacques

Bricheteau ; il ne m'a malheureusement chargé de rien. Je suis passé chez lui ce matin sans le rencontrer. Arrivé à Ville-d'Avray, où l'on m'avait dit que je le trouverais, j'ai appris qu'il était parti pour un voyage avec M. Marie-Gaston. Pensant alors que le but et la durée de ce voyage pourraient vous être connus....

— En aucune façon, interrompit sèchement madame de l'Estorade.

Ne comprenant pas encore que sa démarche était mal prise et qu'aucune explication n'était nécessaire :

— J'ai reçu ce matin, reprit Jacques Bricheteau, une lettre d'Arcis-sur-Aube : ma tante, la mère Marie-les-Anges, me fait aviser par le notaire de M. Sallenauve d'une ignoble intrigue qui s'organise et que l'absence de notre ami pourrait compliquer gravement. Je ne comprends pas l'idée qu'il a eue de disparaître sans prévenir aucun de ceux qui peuvent lui porter quelqu'intérêt.

— Qu'il ne vous ait pas averti, repartit madame de l'Estorade toujours sur le même ton, cela peut en effet vous surprendre, mais pour ce qui est de mon mari et de moi, il n'y a pas à s'en étonner beaucoup.

La portée de cette désobligeante distinction devenait trop claire pour que Jacques Bricheteau n'en fût pas frappé. Il regarda la comtesse qui baissa les yeux; mais toute l'expression de sa physionomie, plein nord, confirmait d'ailleurs le sens qu'on ne pouvait plus guère se dispenser de prêter à ses paroles.

— Pardon, madame, dit-il en se levant, je ne savais pas, je ne pouvais pas me douter que l'avenir et la considération de M. de Sallenauve vous fussent à ce point indifférents. Il n'y a qu'un moment, dans l'antichambre, comme votre domestique hésitait à m'annoncer, mademoiselle votre fille, quand elle m'avait entendu dire que j'étais l'ami de M. de Sallenauve, avait très chaudement pris mon parti; j'avais eu la bêtise de croire que cette bienveillance était le ton général de la maison.

Après cette distinction, qui valait bien celle de madame de l'Estorade, et qui lui rendait comptant la monnaie de sa pièce, Jacques Bricheteau salua cérémonieusement et se mit en devoir de sortir.

Entre madame Octave de Camps et son amie s'était échangé un regard, comme pour se demander s'il fallait ainsi laisser aller cet homme, qui en partant laissait dans la plaie un trait si cruel.

Mais la Providence, qui souvent a bien de l'esprit, ménageait à la situation un autre dénouement.

CHAPITRE SIXIÈME

V

L'enfant terrible.

Un cruel démenti allait être donné à la comédie d'indifférence jouée par madame de l'Estorade; Naïs en ce moment entra en courant.

—Maman, s'écria-t-elle d'un air triomphant, une lettre de M. de Sallenauve

La comtesse devint rouge. pourpre.

— Qu'est-ce que c'est que cette manière d'arriver ici comme un folle ? dit-elle sévèrement à sa fille, et comment savez-vous que cette lettre est de la personne que vous venez de nommer ?

— Ah ! répondit Naïs, en retournant le fer dans la plaie, quand il t'a écrit d'Arcis-sur-Aube, j'ai bien remarqué l'écriture.

— Vous êtes une sotte et une curieuse

dit la mère, poussée par tant de malencontre hors de ses habitudes d'indulgence, allez retrouver votre bonne! Puis, pour se faire une contenance, vous permettez, monsieur ? ajouta-t-elle en s'adressant à Jacques Bricheteau et en se mettant en devoir de prendre connaissance de cette lettre venue si à contre-temps.

— C'est moi, madame, répondit l'organiste, qui vous demande la permission d'attendre que vous ayez lu; *si par hasard* M. de Sallenauve vous donnait quelques renseignements sur son voyage vous pourriez peut-être avoir la bonté de m'en faire profiter.

La lettre parcourue :

— M. de Sallenauve, répliqua la comtesse, me charge de dire à mon mari qu'il se rend en Angleterre, à Hanwell, comté de Midlesex : vous pourrez, monsieur, lui écrire à l'adresse du docteur Ellis.

Jacques Bricheteau fit un second salut cérémonieux et se retira.

—Naïs, dit madame Octave de Camps à son amie aussitôt qu'elles furent seules, vient de vous jouer un tour de son métier

d'amoureuse, mais vous ne l'avez pas volé ;
vous avez traité ce pauvre homme avec
une dureté qui méritait quelque chose
de plus sévère que la réplique par laquelle il a fini. Il a l'air homme d'esprit
et le *si par hasard* M. de Sallenauve vous
donnait quelques renseignements, était
très joli, dans la situation.

— Que voulez-vous ? dit madame de
l'Estorade, la journée a mal commencé,
tout le reste doit s'en suivre.

— Eh bien ! et cette lettre !

— Elle est désolante : lisez vous-même :

« Madame, écrivait Sallenauve, j'ai pu rejoindre à quelques lieues de Paris lord Lewin, cet étranger dont je vous avais parlé, et que la Providence a envoyé pour nous éviter un affreux malheur.

» Possesseur d'une immense fortune, comme plusieurs de ses compatriotes, il a eu d'assez fréquents accès de spleen, et n'a dû qu'à la force de son caractère d'avoir échappé au terrible entraînement de cette maladie.

» Ses airs désintéressés de la vie et le parfait stoïcisme avec lequel il parle de la mort volontaire, lui avaient valu à Florence, où il s'est rencontré avec Marie-Gaston, la confiance de notre malheureux ami.

» Très curieux de toutes les émotions fortes, lord Lewin est lié avec le docteur Ellis, médecin très renommé pour la cure des maladies mentales ; souvent il est arrivé à sa seigneurie de passer plusieurs semaines à l'asile d'Hanwell, comté de Midlesex ; c'est l'une des maisons d'aliénés les mieux gouveernées de l'Angleterre, et le docteur Ellis en a la direction.

» En arrivant à Ville-d'Avray, lord Lewin n'a donc pas eu de peine à reconnaître chez Marie-Gaston tous les symptômes d'une lypémanie commençante; encore invisible pour des yeux moins exercés, elle était pour lord Lewin déjà déclarée.

» *Il chiffonnait*, m'a-t-il dit en parlant de notre pauvre ami, ce qui veut dire qu'en se promenant avec son hôte dans le parc, Marie-Gaston ramassait des objets sans valeur, des brins de paille, de vieux morceaux de papier, et jusqu'à des clous rouillés qu'il mettait soigneusement dans sa poche; c'est là, à ce qu'il paraît, un symptôme très connu de ceux qui ont eu l'occasion d'observer les prodrômes de la folie.

» En remettant le malade sur le terrain de leurs anciennes conversations de Florence, lord Lewin n'eut pas de peine à lui arracher le secret du suicide qu'il méditait. Croyant voir sa femme lui apparaître toutes les nuits, le soir même de votre petit bal, l'infortuné était décidé à aller, comme il le disait, *rejoindre* sa Louise bien-aimée ; vous voyez donc que mes terreurs n'avaient rien d'exagéré et qu'elles étaient plutôt le résultat d'un instinct.

» Au lieu de le contrarier dans son

projet, lord Lewin eut l'air de s'y associer, « mais des hommes comme nous,
» lui dit-il, ne doivent pas mourir bour-
» geoisement, et il y a une manière de
» finir, à laquelle j'avais pensé pour moi
» seul et que je vous propose d'adopter
» en commun. Dans l'Amérique du Sud,
» non loin du Paraguay, existe, sous le
» nom du *Saut de Gayra*, l'une des plus
» formidables cataractes du monde. Les
» vapeurs qui s'élèvent de ce gouffre
» apparaissent à plusieurs lieues de dis-
» tance et forment au-dessus sept arcs-
» en-ciel. Un immense volume d'eau dé-
» veloppé sur une largeur de plus de
» douze mille pieds se trouve subite-
» ment resserré dans un canal étroit et
» se précipite dans l'abîme avec un fra-

» cas plus assourdissant que celui de
» cent tonnerres qui éclateraient à la
» fois. C'est là que j'ai toujours eu la
» pensée d'aller mourir. » — Partons !
dit vivement Marie-Gaston. — A l'instant
même, répondit lord Lewin, faites vos
préparatifs : nous irons nous embarquer
en Angleterre, et dans quelques semaines nous serons rendus.

» C'est ainsi, madame, que l'ingénieux
étranger parvint à ajourner le sinistre
projet de notre ami, et vous comprenez
qu'il le conduit en Angleterre, pour le
mettre entre les mains du docteur Ellis,
qui, selon lui, n'a pas son égal en Europe pour le traitement de la cruelle affection qui va être confiée à ses soins.

» Présent, j'eusse donné les mains à cet arrangement qui a l'avantage, si notre ami guérit, de laisser ici sa maladie inconnue.

» Avisé par une lettre que lord Lewin avait laissée pour moi à Ville-d'Avray, je me suis aussitôt mis sur la trace des deux voyageurs, et à Beauvais, dont je vous écris, j'ai pu les rejoindre dans un hôtel où lord Lewin s'était arrêté pour faire profiter le malade d'un accès de sommeil qui est enfin venu le visiter en voiture, après plusieurs semaines d'une insomnie presqu'absolue.

» Lord Lewin regarde ce symptôme

comme très heureux et il dit d'ailleurs, que, prise, comme elle va l'être, dès le début, l'affection mentale du malheureux jeune homme a les plus grandes chances de guérison.

» Je les suivrai jusqu'à Hanwell, en ayant soin de ne pas me montrer à Marie-Gaston, chez lequel, au dire de lord Lewin, ma présence pourrait troubler la quiétude d'esprit relative, qu'il a puisée dans l'idée de la pompeuse mort qu'il est censé aller chercher.

» Une fois rendu à l'asile, j'attendrai

l'arrêt du docteur Ellis. La session devant s'ouvrir prochainement, j'ai bien peur de ne pouvoir être de retour pour les premières séances. Mais je vais écrire au président de l'assemblée, et dans le cas où le congé que je lui demanderai souffrirait quelque difficulté, j'ose compter sur la complaisance de M. de l'Estorade pour cautionner la nécessité absolue où je me suis trouvé de m'absenter.

» Qu'il veuille bien cependant considérer que je ne saurais, à aucun prix, l'autoriser à expliquer la nature de l'*affaire* qui m'a momentanément conduit à l'étranger. Il doit suffire du reste qu'un homme comme M. de l'Estorade affirme un fait, pour qu'on en accepte la réalité sans autre explication.

» Veuillez agréer, madame, etc.

Comme madame Octave de Camps achevait sa lecture, le bruit d'une voiture se fit entendre :

— Voilà ces messieurs qui reviennent, dit la comtesse ; montrerai-je cette lettre à M. de l'Estorade.

— Vous ne pouvez faire autrement, répondit madame Octave de Camps. Il y aurait trop à craindre une indiscrétion de Naïs. D'ailleurs M. de Sallenauve vous parle de la façon la plus respectueuse, et il n'y a rien qui puisse donner pâture aux visées de votre mari.

Au moment où parut le pair de France, madame de l'Estorade put constater que son visage avait recouvré son aspect ordinaire et elle se préparait à lui en faire compliment quand, prenant le premier la parole :

— Qu'est-ce que c'est qu'un homme de mauvaise mine, demanda M. de l'Estorade, que je viens de trouver causant avec Naïs sur l'escalier ?

Comme madame de l'Estorade ne paraissait pas savoir de quoi on lui parlait :

— Un homme très marqué de la petite vérole, continua le pair de France, portant un chapeau crasseux et une redingote marron.

— Ah! fit madame Octave de Camps, en s'adressant à son amie, c'est notre visite de tout à l'heure, Naïs n'a pas manqué l'occasion d'avoir un bout de conversation sur son idole.

— Mais qui est cet homme ?

— N'est-ce pas Jacques Bricheteau qu'il s'appelle? répondit madame de Camps, c'est un ami de M. de Sallenauve.

Voyant qu'aussitôt un nuage avait passé sur les traits de son mari, madame de l'Estorade se hâta d'expliquer le double objet de la visite de l'organiste, et elle donna à M. de l'Estorade la lettre du député.

Pendant que son mari lisait :

— Vous le trouvez mieux, n'est-ce pas? dit la comtesse à M. Octave de Camps.

— Oh ! il n'y a plus trace, répondit le maître de forges, de ce que nous avions observé ce matin. Il s'était trop actionné à son travail ; le mouvement lui a fait du bien et pourtant, il faut le remarquer, tout à l'heure chez le ministre, il a eu une surprise assez désagréable.

— Qu'est-il donc arrivé demanda madame de l'Estorade.

— Il paraît que les affaires de votre ami, M. de Sallenauve, se gâtent un peu.

— Grand merci de la commission,

dit M. de l'Estorade en rendant la lettre à sa femme. Je ne ferai certainement rien de ce qu'il me demande.

— Vous avez donc appris sur son compte quelque chose de fâcheux ? dit madame de l'Estorade, tâchant de mettre à sa question l'air de la plus grande indifférence.

— Oui, Rastignac vient de me parler de lettres arrivées d'Arcis, où l'on aurait fait des découvertes très compromettantes.

— Eh bien ! que vous disais-je ? s'écria madame de l'Estorade,

— Comment! ce que vous me disiez ?

— Sans doute, ne vous laissais-je pas entrevoir, il y a quelque temps, que M. de Sallenauve était une relation à laisser éteindre ? Ce sont les propres expressions dont je me rappelle m'être servie.

— Mais est-ce donc moi qui l'ai attiré ici ?

— Vous ne prétendrez pas sans doute non plus que ce soit moi, car, tout à l'heure, avant même de savoir la déplorable complication que vous venez d'apprendre, je parlais à madame de Camps d'une autre raison qui devait nous faire désirer que cette connaissance prît bientôt fin.

— C'est vrai, dit madame Octave de Camps, votre femme, il n'y a qu'un instant, se préoccupait de l'espèce de frénésie qui a pris Naïs pour son sauveur, et elle y voyait dans l'avenir de grands inconvénients.

— De tout point, reprit M. de l'Estorade, c'est une connaissance malsaine.

— Il me semble, dit M. Octave de Camps, qui seul n'était pas dans le secret, que vous y allez un peu vite? On aurait fait sur M. de Sallenauve des découvertes compromettantes, mais quelle est la valeur de ces découvertes? Attendez donc au moins, pour le pendre, que la justice ait prononcé.

— Mon mari fera ce qu'il voudra, dit madame de l'Estorade, mais moi je sais bien que je n'hésiterais pas, dès ce moment, à rompre; je veux des amis, comme César voulait sa femme, des amis qui ne puissent pas même être soupçonnés.

— Le malheur, observa M. de l'Estorade, est cette fâcheuse obligation que nous lui avons.

— Mais, monsieur, s'écria madame de l'Estorade, si par hasard un forçat me sauvait la vie, faudrait-il que je l'eusse dans mon salon ?

— Oh! chère, dit madame Octave de Camps, vous allez bien loin.

— Du reste, dit le pair de France, il n'y a pas besoin de faire un esclandre, il faut laisser finir les choses en douceur;

le voilà à l'étranger, ce cher monsieur ; qui nous dit qu'il en reviendra ?

— Comment ! sur de simples rumeurs il serait parti ? demanda M. de Camps.

— Pas pour cela précisément ; il a pris un prétexte, répondit M. de l'Estorade, mais une fois hors de France !...

— Quant à ce dénoûment, dit madame de l'Estorade, je n'y crois pas le moins du monde, son prétexte peut passer pour une bonne raison, et je crois qu'une fois averti par son ami l'organiste, il s'empressera de revenir ; il faut donc, mon ami, prendre votre courage à deux mains, et trancher au vif dans cette intimité, s'il est dans vos intentions qu'elle ne continue pas.

— Ainsi, dit M. de l'Estorade, en regardant attentivement sa femme, c'est là positivement votre impression?

— Moi? sans rien ménager, je lui écrirais qu'il nous obligerait fort en ne reparaissant plus ici; du reste, comme c'est une lettre assez difficile à formuler, nous la ferions ensemble, si vous le vouliez bien.

— Nous verrons, dit M. de l'Estorade, que cette proposition avait tout épanoui : il n'y a pas péril en la demeure : le plus pressé, quant à présent, c'est cette exposition de la société d'horticulture où nous avons fait la partie d'aller; cela, je crois, ferme à quatre heures, et nous avons, bien juste, une heure devant nous.

Madame de l'Estorade, qui s'était habillée avant l'arrivée de madame de Camps, sonna sa femme de chambre pour qu'elle lui donnât un cachemire et un chapeau.

Pendant qu'elle s'arrangeait devant une glace :

— Renée, vous m'aimez donc? vint lui dire à voix basse son mari.

— Êtes-vous fou de me faire cette question? lui répondit la comtesse en le regardant de son air le plus affectueux.

— Eh bien! il faut que je vous fasse un aveu : la lettre apportée par Philippe, je l'avais lue.

— Je ne m'étonne plus, dit madame de l'Estorade, du changement qui s'était opéré en vous, mais moi aussi j'ai une

confession à vous faire. Ce congé à M. de
Sallenauve que je vous proposais de rédiger en commun, je l'avais écrit aussitôt après votre départ, vous pouvez le prendre dans mon buvard et, si vous le trouvez bien, l'envoyer.

Tout hors de lui en voyant qu'on lui avait si lestement sacrifié son prétendu successeur, M. de l'Estorade ne fut pas maître de sa joie, et, prenant sa femme dans ses bras, il l'embrassa avec effusion.

— A la bonne heure ! s'écria M. de

Camps, voilà qui va mieux que ce matin.

— Ce matin, j'étais un fou, répondit le pair de France tout en farfouillant le buvard pour y trouver le projet de lettre auquel il aurait bien pû croire sur parole.

— Taisez-vous, dit tout bas madame Octave de Camps à son mari, en l'empêchant de répondre. Je vous expliquerai toute cette bizarrerie.

Rajeuni de dix ans, le pair de France

offrit son bras à madame de Camps, pendant que le maître de forges offrait le sien à la comtesse.

— Et Naïs! dit M. de l'Estorade en voyant sa fille qui regardait tristement passer le cortége, est-ce que nous ne l'emmenons pas?

—Non, dit la comtesse; j'ai à me plaindre d'elle.

— Ah bast! dit le père, je donne l'amnistie; va mettre ton chapeau, ajouta-t-il en s'adressant à sa fille.

Naïs regarda sa mère pour obtenir une ratification que son intelligence de la hiérarchie des pouvoirs, telle qu'elle était établie dans le ménage l'Estorade, lui fit juger nécessaire.

— Allez, dit la comtesse, puisque votre père le veut.

Pendant qu'on attendait le retour de l'enfant :

— A qui écrivez-vous donc là, Lucas, dit le comte à son vieux valet de chambre, qui se tenait debout aüprès d'une lettre commencée.

— A mon fils, répondit Lucas, qui est bien impatient de ses galons de sergent. Je lui dis que M. le comte m'a promis un mot pour son colonel.

— C'est ma foi vrai, dit le pair de France, cela m'était tout à fait sorti de la mémoire. Demain matin rappelez-le moi, c'est la première chose que je ferai en me levant.

—Monsieur le comte est bien bon.

— Tenez, dit M. de l'Estorade en fouillant dans la poche de son gilet et en en tirant trois pièces d'or, faites passer cela de ma part au caporal et dites-lui que ce sera pour arroser les galons.

Lucas était stupéfait : jamais il n'avait vu son maître si expansif et si généreux.

Quand Naïs revint, madame de l'Estorade, s'admirant elle-même d'avoir eu le courage de la bouder pendant une demi-heure, l'embrassa comme si elle l'eût revue après une absence de deux ans ; ensuite on se mit en route pour le Luxembourg, où, à cette époque, la société d'horticulture exposait ses produits.

CHAPITRE SEPTIÈME

VII

Moi seul, et c'est assez !

Sur la fin de l'audience que M. Octave de Camps, conduit par M. de l'Estorade, avait fini par obtenir de Rastignac, l'huissier de celui-ci était entré et lui avait remis la carte de M. le procureur général

Vinet et celle de M. Maxime de Trailles.

— C'est bien ! avait répondu le ministre, dites à ces messieurs que je suis à eux dans un moment.

Peu après, le maître de forges et M. de l'Estorade s'étaient levés et c'était à ce moment que Rastignac avait très succinctement fait connaître au pair de France le danger qui se dessinait à l'horizon parlementaire de son ami Sallenauve.

Sur ce mot d'ami, M. de l'Estorade s'était récrié.

— Je ne sais, mon cher ministre, avait-il dit, pourquoi vous vous obstinez à donner ce titre à un homme qui véritablement pour nous, n'est qu'une connaissance, et j'ajouterai une connaissance très provisoire pour peu que les bruits dont vous venez de m'entretenir arrivent à prendre quelque consistance.

— Je suis charmé, avait répondu le ministre, de vous entendre parler ainsi : car au milieu des hostilités qui paraissent probables entre ce monsieur et nous, je vous avouerai que la grande bienveillance dont je vous croyais animé pour lui, n'aurait pas laissé de me gêner un peu.

— Très reconnaissant de ce sentiment, avait répondu le pair de France, mais veuillez vous rappeler que je vous donne carte blanche. A vous loisible de traiter M. de Sallenauve en ennemi politique sans vous préoccuper le moins du monde de faire retentir jusqu'à moi les coups que vous pourrez lui porter.

Là-dessus on s'était séparé, et MM. Vinet et Maxime de Trailles avaient été introduits.

Le procureur général Vinet, père d'Olivier Vinet que nous connaissons déjà, était entre les champions du gouvernement personnel l'un des dévoûments les plus chauds et les plus consultés. Dans telle combinaison ministérielle prochainement possible, candidat désigné pour le portefeuille de la justice, il était initié à tous les doubles fonds de la situation, et, en fait de menées secrètes, rien ne se *cuisinait* qu'il n'y fût au moins pour le conseil quand il n'y était pas de l'action.

Les choses électorales d'Arcis-sur-Aube relevaient de sa compétence à un double titre : d'abord, son fils occupait une position dans le parquet de cette ville ; ensuite, parent du côté de sa femme des Chargebœuf de la Brie, dont les

Cinq-Cygne de la Champagne sont une branche cadette, par la hauteur de cette alliance, il se croyait engagé d'honneur à constater son importance dans l'un et l'autre pays, en ne manquant jamais une occasion de s'entremettre dans leurs intérêts.

Aussi, quand dans la matinée M. de Trailles s'était présenté chez le ministre et l'avait entretenu d'une lettre de madame Beauvisage, pleine de choses compromettantes pour le nouveau député d'Arcis :

— Voyez Vinet de ma part, avait répondu le ministre, sans écouter plus d'explications, et tâchez de me l'amener tantôt.

Averti par Maxime de Trailles qui lui avait offert de venir le prendre dans sa voiture, Vinet s'était volontiers prêté au désir de Rastignac, et maintenant que le voilà rendu dans le cabinet du ministre, nous allons un peu mieux savoir quel était le danger suspendu sur la tête de Sallenauve et dont Jacques Bricheteau et M. de l'Estorade ne nous ont donné qu'un très insuffisant aperçu.

— Vous dites donc, mes très chers,

demanda le ministre aussitôt que la conférence fut ouverte, que nous pourrions bien avoir barres sur ce puritain avec lequel je me suis rencontré hier chez l'Estorade, et où il m'a paru de la plus outrecuidante hostilité.

Admis là sans caractère officiel, Maxime savait trop bien vivre pour se charger de répondre à cette interpellation. Au contraire, ayant à un degré presque insolent la conscience de son importance politique, tout procureur-général qu'il était devenu, Vinet restait trop ancien avocat, pour manquer une occasion de s'emparer de la parole.

— Quand, ce matin, monsieur me fit l'honneur de me communiquer une lettre de madame Beauvisage, s'empressa-t-il de répondre en désignant Maxime, je venais d'en recevoir une de mon fils où, à peu de chose près, il me renseignait de la même façon. Comme monsieur, je suis d'avis que l'affaire peut devenir grave pour notre adversaire, mais à la condition pourtant qu'elle sera bien menée.

— Je ne sais encore que très incomplètement ce dont il s'agit ; fit observer le ministre ; comme je tenais, mon cher Vinet, à avoir votre avis dans la question, afin d'éviter un double emploi, j'ai engagé M. de Trailles à remettre les détails jusqu'au moment où nous serions réunis.

C'était, cette fois, autoriser Maxime à prendre en main l'exposer de l'affaire, mais Vinet escamota encore cette occasion de parler.

— Voilà, dit-il, ce que m'écrit mon fils Olivier et ce que confirme la lettre de madame la mairesse, dans laquelle, soit dit en passant, vous auriez eu, mon cher ministre, un bien excellent député. Un de ces derniers jours de marché, à ce qu'il paraît, le notaire Pigoult, qui reste chargé de toutes les affaires de M. le député dont il a grandement favorisé l'élection, reçut la visite d'une paysanne de Romilly, gros bourg des environs d'Arcis. A entendre le marquis de Sallenauve, récemment retrouvé, il serait le seul rejeton aujourd'hui existant de la famille de Sallenauve, ce qui n'empêcha pas cette femme d'exhiber des papiers parfaitement en règle, desquels il résulte qu'elle aussi est une Sallenauve vivante, très directe, et parente au degré successible de tout ce qui porte ce nom.

— Mais, dit Rastignac, ignorait-elle l'existence du marquis, tout comme le marquis ignorait la sienne?

Cela ne résulte pas clairement de ses dires, reprit le procureur-général ; mais c'est cette confusion qui me plaît le plus, car vous comprenez qu'entre parents ainsi posés peuvent facilement surgir de grandes difficultés.

— Veuillez continuer, dit le ministre ; avant de tirer des inductions, il faut savoir les faits ; ce qui du reste, vous êtes là pour en savoir quelque chose, ne se pratique pas toujours à la chambre des députés.

— Et cela n'est pas toujours fâcheux pour les ministres, remarqua Maxime en riant.

— Monsieur a raison, dit Vinet, à bon embrouilleur, salut! Mais, pour en revenir à notre paysanne, ensuite de la déchéance subie par les Sallenauve, tombée dans la misère et dans une condition très inférieure à sa naissance, elle se présenta d'abord en solliciteuse, et il est à croire qu'avec une générosité consentie à propos, on l'eût immédiatement amortie. Mais il est à croire aussi qu'elle ne fut pas fort satisfaite de l'accueil fait à sa requête par maître Achille Pigoult ; car, en sortant de chez lui, elle se rendit sur la place du marché et avec le concours d'un praticien de village dont elle était venue accompagnée, elle se répandit sur le compte de mon bien-aimé collègue de la chambre, en propos fort peu réjouissants pour sa considération : disant, tantôt qu'il n'était pas vrai que le marquis de Sallenauve fût son père, tantôt, qu'il n'était pas vrai qu'il y eût même un marquis de Sallenauve encore existant. Dans tous les cas, sa conclusion était que le Sallenauve de nouvelle date était un sans-cœur, qui méconnaissait ses parents ; mais elle ajoutait qu'elle s'aurait bien lui faire rendre gorge et qu'avec l'aide de l'habile homme venu lui prêter l'appui de ses conseils, M. le député pouvait être tranquille et *qu'on le ferait danser.*

— Je ne m'y oppose pas, répondit Rastignac ; mais, à l'appui de ses affirmations, cette femme est sans doute munie de quelques preuves ?

— Voilà justement le côté faible de l'affaire, repartit Vinet ; mais laissez-moi poursuivre. A Arcis, mon cher ministre, le gouvernement a dans le commissaire de police un fonctionnaire aussi dévoué qu'intelligent. En circulant dans les groupes, comme c'est son habitude les jours de marchés, il recueillit quelques-uns de ces méchants propos de la paysanne, et, allant aussitôt sonner à la porte de M. le maire, il demanda à parler, non pas à monsieur, mais à madame de Beauvisage, à laquelle il conta ce qui se passait.

— C'est donc un homme tout à fait nul, demanda Rastignac à Maxime que ce candidat dont vous nous aviez fait bonne bouche?

— Juste l'homme qu'il vous fallait; répondit M. de Trailles, inepte au dernier point; aussi n'est-il rien à quoi je ne sois décidé pour réparer cet échec déplorable.

— Madame Beauvisage, reprit Vinet, éprouva aussitôt le besoin de causer avec cette femme à la langue si peu mesurée, et pour se procurer avec elle une entrevue, ce ne fut pas trop mal s'y prendre, que d'ordonner à Groslier, le commissaire de police, d'aller la trouver d'un air menaçant, comme si l'autorité désapprouvait les légèretés qu'elle se permettait sur un membre de la représentation nationale, et de lui intimer de se rendre immédiatement chez M. le maire.

— C'est madame Beauvisage, demanda Rastignac, qui eut l'idée de cette façon de procéder ?

— Oui, positivement, répondit Maxime, c'est une femme très entendue.

— Poussée vivement, continua le procureur général, par la mairesse, qui, pour procéder à l'interrogatoire, avait eu soin de se munir de la présence de son mari, la paysanne fut loin d'être catégorique : la manière dont elle s'était assuré que le député ne pouvait être le fils du marquis, et la certitude que, d'un autre côté, elle prétendait avoir de la non existence de ce dernier, ne furent pas à beaucoup près établies d'une manière triomphante ; des on-dit, des rumeurs vagues, des inductions tirées par le praticien du village, voilà à peu près tout ce qui put être recueilli.

— Alors, fit remarquer le ministre, où tout cela mène-t-il ?

— Absolument à rien, au point de vue du Palais, répondit le procureur-général. Car cette femme serait en mesure d'établir que la reconnaissance du nommé Dorlange est un caprice du marquis de Sallenauve, qu'elle n'aurait pas qualité pour faire un procès en désaveu. Aux termes de l'article 339 du Code civil, un intérêt né et actuel donne seul le droit d'attaquer la reconnaissonce d'un enfant naturel; en d'autres termes, il faut qu'il y ait ouverture de la succession au partage de laquelle l'enfant dont la naissance est contestée serait admis à se présenter.

— Votre ballon se dégonfle bien ! dit le ministre.

— Que si, au contraire, poursuivit Vinet, exposant toujours, la brave femme prend le parti de contester l'existence du marquis de Sallenauve, d'une part, elle se déshérite, car elle n'aurait certes rien à prétendre dans la fortune d'un homme qui ne serait plus son parent, et d'autre part, c'est au ministère public, et non à elle, qu'il appartient de poursuivre le fait d'une supposition de personne, qu'elle serait apte tout au plus à dénoncer.

— D'où vous concluez ? dit Rastignac, avec cette brièveté de parole qui, pour un parleur trop prolixe, est un avertissement d'être plus concis.

— D'où je conclus que, judiciairement parlant, la paysanne de Romilly ferait, en poursuivant l'un ou l'autre des procès, une spéculation détestable, puisque l'un des deux serait perdu d'emblée par elle, et que, de l'autre, qu'elle ne peut pas même entamer, elle ne tirerait absolument aucun avantage ; mais politiquement parlant, la chose prend un tout autre aspect.

— Voyons-la donc politiquement, dit le ministre, car jusqu'ici je n'entrevois rien.

— D'abord, reprit le procureur-général, vous admettez bien avec moi qu'il est toujours possible de faire un mauvais procès ?

— Parfaitement.

— Je ne crois pas ensuite que vous ayez grand souci de notre plaideuse s'embarquant dans une affaire en désaveu où elle en sera pour ses déboursés.

— Non, je vous déclare que cela m'est très indifférent.

— Dans tous les cas, vous eussiez été pris pour elle de cette sollicitude, que je vous aurais encore dit de laisser aller les choses ; les Beauvisage s'étant engagés à payer tout ce qui pourra être dépensé, voire même les frais du séjour de la paysanne et de son conseil à Paris.

— Enfin, dit Rastignac, pressant toujours la conclusion, voilà le procès entamé ; qu'en résulte-t-il ?

— Comment ! ce qu'il en résulte ? repartit le procureur-général en s'animant ; mais tout ce que vous saurez en faire résulter, si, avant toute plaidoirie, interviennent les commentaires de vos journaux et les insinuations orales de vos amis. Ce qu'il en résulte? mais une immense déconsidération possible pour notre adversaire, soupçonné de s'être affublé d'un nom qui n'était pas le sien; ce qu'il en résulte? mais l'occasion d'une foudroyante interpellation de tribune.

— Dont vous vous chargeriez à votre compte? demanda Rastignac.

— Ah! je ne sais pas, il faudrait que l'affaire fut un peu étudiée et qu'on vît la tournure qu'elle prend.

— Pour le moment donc, reprit le ministre, tout se résume à une application telle quelle de la fameuse théorie de Basile sur la calomnie, toujours bonne à remuer parce qu'il en reste quelque chose.

— Calomnie! calomnie! répondit le procureur-général, c'est à savoir, et peut-être ne ferait-on que de la bonne médisance. M. de Trailles, ici présent, sait beaucoup mieux que nous comment se sont passées les choses. Il vous dira que, dans tout le pays, la disparition du père aussitôt après la reconnaissance opérée, a été d'un effet déplorable; que chez tout le monde est restée une vague impression de complications mystérieuses, ayant favorisé l'élection de l'homme qui nous occupe. Vous ne savez pas, mon cher, tout ce qui peut sortir d'un débat judiciaire savamment mijoté, et, dans ma longue et laborieuse carrière d'avocat, j'ai vu en ce genre des miracles. Mais un débat parlementaire, c'est bien une autre affaire. Là, il n'y a plus besoin de preuves, et l'on peut tuer son homme rien qu'avec des probabilités et des affirmations un peu fièrement soutenues.

— Mais voyons pour nous résumer, demanda Rastignac en homme exact et précis, comment entendriez-vous que fût menée l'affaire ?

— D'abord, répondit le procureur-général, je laisserais les Beauvisage, puisque cela leur nuit, faire tous les frais du déplacement de la paysanne et de son conseil et ensuite tous les frais de l'instance.

— Est-ce que je m'y oppose? dit le ministre; en ai-je le droit et le moyen ?

— L'affaire, continua Vinet, serait mise aux mains d'un avoué retors et habile, Desroches, par exemple, l'avoué de M. de Trailles. Il saurait donner un peu d'embonpoint à un corps de procès dont vous avez fort justement signalé la maigreur.

— Ce n'est certes pas moi, répliqua le ministre, qui dirai à M. de Trailles, je vous défends d'engager qui bon vous semble à se servir du ministère de votre avoué.

— Il faudrait ensuite un avocat sachant parler comme il faut de la famille, cette chose sainte et sacrée; qui eût bien l'air de s'indigner à la pensée des menées subreptices par lesquelles on peut essayer de s'introduire furtivement dans sa pieuse enceinte.

— Desroches vous indiquera l'homme qui convient, et ce n'est pas encore le gouvernement qui empêchera jamais un avocat de parler et d'être transporté d'indignation.

— Mais, monsieur le ministre, dit Maxime, que la froideur de Rastignac fit sortir de son rôle jusque-là passif, ne rien empêcher est-il tout le concours qui, dans cette rencontre, puisse être attendu du gouvernement?

— Vous n'avez pas espéré, je pense, que nous fissions à notre compte le procès?

— Non, sans doute ; mais nous avions dû nous figurer que vous témoigneriez y prendre quelque intérêt.

— Mais comment? de quelle manière ?

— Que sais-je ? Comme le disait tout à l'heure M. le procureur-général, en le faisant tambouriner dans les journaux subventionnés, en chargeant vos amis d'en colporter la nouvelle, en usant d'une certaine influence que le pouvoir a toujours sur l'esprit des magistrats.

— Grand merci, dit Rastignac ; quand vous voudrez avoir le gouvernement pour complice, il faudra, mon cher Maxime, lui présenter des trames un peu plus solidement ourdies ; sur votre air affairé de ce matin, j'avais cru à quelque chose, et j'ai dérangé notre excellent procureur général, qui sait le cas que je fais de ses conseils et de ses lumières ; mais vraiment, votre combinaison me paraît trop transparente et trop peu serrée pour qu'on n'y voie pas au travers un échec inévitable. Si je n'étais pas marié et que je voulusse épouser mademoiselle Beauvisage, je serais peut-être plus audacieux ; à vous donc de pousser l'affaire comme vous 'entendrez ; je ne dis pas que le gouvernement ne vous suivra pas de ses vœux dans la carrière, mais certainement il n'y descendra pas avec vous.

— Mais voyons, dit Vinet en coupant la parole à Maxime, qui sans doute eût répliqué avec aigreur, si nous portions l'affaire au criminel ; que la paysanne, à l'instigation des Beauvisage, dénonçât l'homme qui a paru devant le notaire comme un Sallenauve imaginaire : alors le député est complice, et c'est de la cour d'assises qu'il retourne en pareil cas.

— Mais des preuves, encore un coup,

demanda Rastignac, en avez-vous l'ombre ?

— Tout à l'heure, vous conveniez vous-même, fit remarquer Maxime, qu'on peut toujours intenter un mauvais procès.

— Au civil oui, mais au criminel, si l'on échoue, le fait est bien autrement grave, et l'on échouerait, car il s'agit de s'inscrire en faux, sans aucune espèce de preuves, contre un acte rédigé par un officier public. Ce serait là de la belle besogne ; même avant le débat public l'affaire se terminerait nécessairement par un arrêt de non-lieu. Nous voudrions faire à notre ennemi un piédestal comme la colonne de Juillet, que nous ne nous y prendrions pas autrement.

— De telle sorte, dit Maxime, que vous ne voyez absolument rien à faire.

— Pour nous, non ; pour vous, mon cher Maxime, qui n'avez pas de caractère officiel, et qui au besoin, le pistolet au poing, sauriez soutenir l'attaque faite au caractère de M. de Sallenauve, rien ne vous empêche de tenter la fortune de ce débat.

— Oui, dit aigrement Maxime, je suis une espèce de condottière.

— Du tout : vous êtes un homme instinctivement convaincu de faits impossibles à constater judiciairement, et vous ne reculeriez pas devant le jugement de Dieu.

M. de Trailles se leva d'assez mauvaise humeur ; Vinet se leva aussi, et donnant la main à Rastignac pour prendre congé :

— Je ne puis nier, lui dit-il, que votre

conduite ne soit dictée par une grande prudence, et, à votre place, je ne dis pas que je n'en ferais point tout autant.

— Sans rancune au moins, Maxime, dit le ministre à M. de Trailles, qui le salua avec froideur et dignité.

Quand les deux conspirateurs furent seuls dans l'antichambre:

— Comprenez vous cette pruderie? dit Maxime.

— Parfaitement, dit Vinet, et pour un homme d'esprit vous me faites l'effet d'une grande dupe.

— Sans doute, vous faire perdre votre temps et venir perdre le mien pour avoir le plaisir de voir jeter les fondements d'un prix de vertu.

— Ce n'est pas cela ; mais je vous trouve naïf de croire sérieusement au déni de concours dont vous vous indignez.

— Comment ! vous pensez ?...

— Je pense que l'affaire est chanceuse, que, si le complot réussit, le gouvernement en recueillera, les bras croisés, tout le bénéfice; et que si au contraire le succès nous fait défaut, il aime tout autant ne pas prendre sa part de l'échec. Mais soyez-en sûr, je connais Rastignac : sans avoir l'air de rien et sans se compromettre, il nous aidera peut-être plus utilement que par une connivence déclarée. Rappelez-vous donc! Est-ce qu'il a eu un seul mot sur la moralité de l'attaque? est-ce qu'il n'a pas toujours dit : Je ne m'oppose à rien ; je n'ai le droit de rien empêcher; et au venin de la bête, qu'a-t-il reproché? de ne pas tuer son homme assez à coup sûr. La vérité est, mon cher monsieur, qu'il y aura du tirage, et que, pour donner une tournure à l'affaire, toute l'habilité de Desroches ne sera pas de trop.

— Vous êtes donc d'avis que je le voie ?

— Comment! si j'en suis d'avis, mais de ce pas, en me quittant.

— Ne trouveriez-vous pas utile qu'il allât causer de la chose avec vous ?

— Oh ! non ! non ! répondit Vinet, je

suis peut-être l'homme qui ferai l'interpellation à la chambre ; Desroches pourrait être vu chez moi, et il ne faut pas m'ôter ma virginité.

Là-dessus il salua Maxime et mit à le quitter un certain empressement sous prétexte d'aller à la chambre savoir ce qui se disait à la salle des conférences.

— Mais moi, dit Maxime, qui courut après lui quand ils se furent séparés, si j'avais quelques conseils à prendre de vous.

— Je pars ce soir pour donner un peu l'œil à mon parquet avant l'ouverture de la session.

— Cependant, cette interpellation, dont vous pourriez être chargé ?

— Eh bien ! moi ou un autre ; je ferai le plus de diligence possible ; mais, vous comprenez, il faut que ma boutique soit en ordre avant de m'absenter pour cinq à six mois au moins.

— Bon voyage donc, monsieur le procureur-général, dit Maxime d'un air ironique et en le saluant définitivement.

Resté seul, M. de Trailles eut quelques minutes de découragement, en croyant s'apercevoir que ces deux Bertrands politiques avaient l'intention de lui faire tirer les marrons du feu. Le procédé de Rastignac surtout lui était sensible, quand il pensait à leur première rencontre chez madame de Restaud, il y avait juste vingt ans. Lui, déjà homme posé, tenant dès ce moment le sceptre de la mode, et Rastignac, pauvre étudiant, ne sachant ni entrer ni sortir, et consigné à la porte de l'élégante maison, aussitôt après sa première visite où il avait trouvé le moyen de commettre deux ou trois incongruités. Et maintenant, Rastignac était pair de France et ministre, et lui Maxime, devenu son agent, était obligé, l'arme au bras, de s'entendre dire que ses guets-à-pens trop naïfs et qu'il les dressât tout seul, s'il y avait goût !

Mais ce découragement ne fut qu'un éclair.

« Eh bien ! oui, s'écria-t-il, seul, j'en-
» tamerai ce procès, où mon instinct me
» dit qu'il y a quelque chose. Allons
» donc ! un Dorlange, un homme de rien

» tenir en échec le comte Maxime de
» Trailles et se faire un marche-pied de
» sa défaite ! Dans la vie de ce drôle, il
» y a trop de cachettes pour que je ne
» parvienne pas tôt ou tard à en éventer
» une. »

— Chez mon avoué, rue de Béthisy, dit-il à son cocher en ouvrant lui-même la portière de sa voiture.

Et quand il fut moelleusement assis sur ses coussins :

— Après cela, ajouta-t-il, si je ne puis

parvenir à ruiner la fortune de ce misérable, je m'arrangerai pour qu'il me fasse quelque grave insulte; j'aurai le choix des armes, je tirerai le premier, plus adroit que le duc de Rhetoré, mon cher insolent, tu peux être tranquille, je te tuerai!

Il est bon de remarquer que M. Maxime de Trailles s'était tout ému, rien qu'à l'idée d'être pris pour un condottière.

CHAPITRE HUITIÈME

VIII

Chez Desroches.

Desroches était chez lui, et immédiatement Maxime de Trailles eut accès dans son cabinet.

Desroches était un avoué qui, comme Raphaël, avait eu plusieurs manières.

D'abord possesseur d'un titre nu et sans clientèle, il avait fait flèche de toute cause, et, auprès du tribunal, s'était senti on ne peut plus mal posé.

Mais il était travailleur, très au fait de tous les tours et retours de la chicane, curieux observateur et lecteur intelligent des mouvements du cœur humain ; il avait donc fini par *faire* une très bonne étude, s'était marié richement, et du moment qu'il avait pu se passer de la voie tortueuse, y avait sérieusement renoncé.

En 1839, Desroches était devenu un

avoué honnête et entendu, c'est-à-dire qu'il prenait avec chaleur et habileté les intérêts de ses clients; que jamais il n'eût conseillé un procédé ouvertement improbe, et qu'encore moins il y eût prêté les mains. Quant à la fine fleur de délicatesse qui se rencontrait chez Derville et quelques autres membres de sa compagnie, outre qu'il est bien difficile de ne pas la laisser évaporer dans ce monde des affaires dont M. de Talleyrand a dit: Les affaires, c'est le bien d'autrui! elle ne saurait jamais être la seconde couche d'une existence. La perte de ce duvet de l'âme, comme celle de toutes les virginités, est irréparable; Desroches n'avait donc pas aspiré à le refaire chez lui; il ne voulait plus rien risquer d'ignoble et de déshonnête; mais les bons tours admis par le Code de procédure, les bonnes surprises et les bonnes noirceurs que l'on peut faire à un adversaire, il les admettait volontiers.

Desroches d'ailleurs était homme d'esprit, il aimait la table, et, comme les gens incessamment livrés à la brutale domination d'impérieux labeurs, il éprouvait le besoin de vives distractions prises au vol et fortement montées en goût.

Tout en assainissant sa vie judiciaire, il était donc resté l'avoué des gens de lettres, des artistes, des filles de théâtre, des lorettes en renom et des bohêmes élégants dans le genre de Maxime, parce qu'il vivait volontiers de leur vie et que tous ces gens lui étaient sympathiques, comme lui-même était très goûté par eux.

Leur argot spirituel, leur morale un peu relâchée, leurs aventures légèrement picaresques, leurs expédients, leurs courageux et honorables travaux, en un mot leurs grandeurs et leurs misères, il comprenait tout à merveille, et, Providence toujours indulgente, leur prêtait aide et assistance toutes les fois qu'il en était requis.

Mais, pour dérober à sa clientèle sérieuse et utile ce que son intimité avec sa clientèle de cœur, pouvait avoir d'un peu compromettant, marié et ayant des enfants, Desroches avait ses jours pour être époux et mère de famille, et notamment le dimanche; au bois de Boulogne, il était rare qu'il ne parut pas dans une calèche modeste, ayant à ses côtés sa femme portant écrit, dans sa laideur, le chiffre élevé de sa dot. Sur le devant de la voiture apparaissaient formant un groupe trois enfants qui avaient le malheur de ressembler à leur mère. Ce tableau de famille, cette sainteté d'habitudes dominicales rappelaient si peu le Desroches de la semaine dînant dans tous les cabarets avec tous les viveurs et viveuses en renom, que l'une de celles-ci, Malaga, une écuyère du Cirque, célèbre par sa verve et par ses bons mots, disait qu'on ne devrait pas permettre aux avoués d'être aussi invraisemblables et de tromper le public en promenant des enfant de carton.

C'est donc à cette probité relative que M. de Trailles était venu demander conseil, ce qu'il ne manquait jamais de faire dans toutes les rencontres un peu difficiles de sa vie.

Suivant une bonne habitude, Desroches écouta sans interrompre le long exposé du cas qui lui était soumis, la scène qui venait d'avoir lieu chez Rastignac comprise. Comme Maxime n'avait rien de caché pour ce confesseur, il exposa les raisons qu'il avait d'en vouloir à Sallenauve et mit une vraie bonne foi à le représenter comme ayant usurpé le nom sous lequel il allait siéger à la chambre. Sa haine, dans un méfait tout juste possible ou probable, lui faisait l'illusion d'une évidence absolue.

Au fond, Desroches ne voulait pas se charger d'une affaire dans laquelle tout d'abord il n'entrevit pas la moindre chance de succès, mais là où se montra sa mollesse de probité, ce fut à en causer avec son client comme d'un fait de Palais très ordinaire, et à ne pas lui dire nettement sa pensée sur ce prétendu procès qui, en réalité, n'était qu'une intrigue. Ce qui, dans le domaine du mal, se fait de connivence parlée, sans passer jusqu'à la complicité effective de l'action est véritablement incalculable. « Que m'importe ! qu'ils se débrouillent ! Pourquoi irais-je me faire le chevalier transi de la vertu ? » Voilà ce que disent les hommes du tempérament de Desroches, et difficilement l'on saurait supputer le nombre qu'en recèle une civilisation un peu avancée.

— D'abord, mon maître, dit l'avoué, un procès civil, il n'y a pas à y penser ;

votre paysanne de Romilly aurait les mains pleines de preuves qu'elle serait déclarée non-recevable dans sa demande, attendu que, quant à présent, elle n'a pas d'intérêt à constester la reconnaissance de sa partie adverse.

— Oui, c'est bien ce que disait tout à l'heure le procureur-général Vinet.

— Quant au procès criminel, vous pouvez sans doute le provoquer en dénonçant à la justice le fait d'une supposition de personne.

— Vinet, interrompit Maxime de Trailles, paraissait pencher pour la voie criminelle.

— Oui, mais il y a à cette façon de procéder nombre d'objections. D'abord, même pour faire accueillir seulement la dénonciation, faut-il un certain commencement de preuves; ensuite la plainte reçue et le ministère public décidé à poursuivre, pour qu'une condamnation intervienne, une apparence de criminalité plus positive est bien autrement nécessaire, et puis, le crime prouvé, au compte du soi-disant marquis de Sallenauve, comment établir la complicité de son soi-disant fils qui a pu être abusé par un intrigant ?

— Mais quel intérêt, répondit Maxime, cet intrigant pourrait-il avoir eu à faire à ce Dorlange tous les avantages qu'il a recueillis de la reconnaissance faite à son profit?

— Oh! mon cher, répondit Desroches, en matière de questions d'état, toutes les bizarreries sont possibles; il n'est pas de nature de procès qui ait fourni tant d'éléments aux compilateurs de *causes célèbres* et aux romanciers; mais il y a quelque chose de mieux, aux yeux de la loi, la supposition de personne n'est pas directement un crime.

— Comment cela? dit Maxime, c'est impossible!

— Tenez, mon maître, dit Desroches en prenant ses Cinq Codes, faites-moi le plaisir de lire l'article 145 du Code pénal, le seul qui semble donner ouverture au procès que vous méditez, et voyez si le crime qui nous occupe y est prévu.

Maxime lut à haute voix l'article 145, ainsi conçu :

« Tout fonctionnaire ou officier public
» qui, dans l'exercice de ses fonctions,
» aura commis un faux — soit par faus-
» ses signatures, — soit par altération
» des actes, écritures ou signatures, —
» *soit par supposition de personnes...* »

— Eh bien! vous voyez bien, dit Maxime, *par supposition de personnes !*

— Allez donc jusqu'au bout, répondit Desroches.

« — Soit par supposition de personnes, » reprit M. de Trailles, soit par des écri- » tures faites ou intercallées sur des re- » gistres ou d'autres actes publics, depuis » leur confection ou clôture, *sera puni des* » *travaux forcés à perpétuité.* »

M. de Trailles scanda amoureusement les derniers mots qui paraissaient lui donner un avant-goût du sort réservé à Sallenauve.

— Mon cher comte, dit Desroches, vous faites comme tous les plaideurs qui jamais ne lisent les articles de la loi qu'à leur point de vue, mais vous ne faites pas attention qu'il n'est question dans celui qui nous occupe que des *fonctionnaires ou officiers publics* et qu'il n'est pas disposé pour le crime de supposition de personnes commis par d'autres individus.

Maxime relut l'article, et se convainquit de la réalité du commentaire de Desroches.

— Mais, objecta-t-il, il doit y avoir autre part quelque disposition.

— Du tout, et croyez-en ma science de jurisconsulte, le Code est matériellement muet à cet égard.

— Alors, le crime que nous dénoncerions a donc le privilége de l'impunité?

— C'est-à-dire, répondit Desroches, que sa répression est toujours problématique. Les juges, parfois, suppléent par induction au silence de la loi...

L'avoué suspendit sa phrase pour feuilleter un volume de jurisprudence :

— Et tenez, reprit-il, voilà rapportés dans le *Commentaire* de Carnot sur *le Code pénal*, deux arrêts de cour d'assises : l'un du 7 juillet 1814, et l'autre du 24 avril 1818, tous deux confirmés par la cour de cassation, qui condamnent pour faux commis par supposition de personnes, des individus qui n'étaient ni fonctionnaires ni officiers publics; mais ces deux arrêts, uniques dans la matière, excipent d'un article où le crime qu'ils punissent n'est pas même mentionné, et ce n'est qu'au moyen d'un raisonnement très laborieux qu'ils parviennent à faire cette application détournée. Vous comprenez dès-lors que l'issue d'un procès pareil est toujours très douteuse : car, en l'absence d'un texte positif, on ne peut jamais savoir comment les magistrats décideront.

— Par conséquent, votre conclusion, comme celle de Rastignac, est qu'il faut renvoyer notre paysanne à Romilly et qu'il n'y a absolument rien à tenter?

— Il y a toujours quelque chose à tenter, répondit Desroches lorsque l'on sait s'y prendre. Une complication à laquelle ni vous, ni Rastignac, ni M. Vinet n'avez pensé, c'est que, hors le cas de flagrant délit, pour poursuivre au criminel un membre de la représentation nationale, une autorisation de la chambre est nécessaire.

— C'est juste, dit Maxime ; mais comment une complication nouvelle peut-elle nous tirer d'embarras ?

—Vous ne seriez pas fâché, dit l'avoué en riant, d'envoyer au bagne votre adversaire ?

— Un drôle, fit comiquement Maxime, qui me fera peut-être manquer un mariage; qui se pose en homme de vertu sévère, et qui se livre à des manœuvres de cette audace.

— Eh bien! pourtant il faut vous résigner à un résultat moins éclatant : faire un joli scandale, jeter sur votre homme une profonde déconsidération ; cela, il me semble, remplirait une partie de votre but?

—Sans doute, faute de faisan on mange du fricandeau.

— Vos prétentions ainsi réduites, voilà ce que je vous conseillerais : ne poussez pas votre paysanne à déposer une plainte au criminel contre ce monsieur qui vous déplaît, mais faites-lui déposer entre les mains du président de la chambre des députés une simple demande en autorisation de poursuites ; très probablement l'autorisation ne sera pas accordée, et le procès en restera à cette étape; mais le fait articulé fera toujours son bruit à la chambre : les journaux seront en droit d'en parler, et, sous main, le ministère aura la liberté de faire envenimer cette vague accusation par ses amis.

— Peste ! mon cher, dit Maxime, tout heureux de voir une issue ouverte à ses instincts haineux, vous êtes un homme fort, plus fort que tous ces prétendus hommes d'Etat, mais cette demande en autorisation de poursuite, qui nous la rédigera ?

— Oh! pas moi, répondit Desroches, qui ne voulait pas s'avancer plus loin dans ce tripotage, ce n'est pas un acte judiciaire, c'est une machine de guerre, et je n'entreprends pas cette partie; mais vous avez une foule d'avocats sans cause toujours prêts à se mêler de tracas politique; Massol, par exemple, vous formulera cela à merveille. Je vous serai du reste obligé de ne pas dire que l'idée vient de moi.

— Parbleu, dit Maxime, je la prendrai à mon compte, et sous cette forme peut-être, Rastignac finira par mordre à mon projet.

— Oui, mais prenez garde de vous faire un ennemi de Vinet, qui vous trouvera bien impertinent d'avoir eu une idée qui devait tout naturellement venir à l'esprit d'un grand tacticien parlementaire comme lui.

— Oh! d'ici à quelques temps, dit Maxime, en se levant, j'espère bien que les Vinet, les Rastignac et autres arriveront à compter avec moi. Où dinez-vous ce soir? ajouta-t-il.

C'est une question que les viveurs s'adressent volontiers entre eux.

— Dans une caverne, répondit Desroches, avec une bande.

— Et où donc ça ?

— Vous avez bien dû quelquefois, dans le cours de votre existence érotique, avoir recours aux bons soins d'une marchande à la toilette, nommée madame Saint-Estève ?

— Non, repartit Maxime, j'ai toujours fait moi-même mes affaires.

— C'est vrai, je n'y pensais pas, dit l'avoué; vous êtes un conquérant de la *haute*, où généralement on n'a pas emploi de ces sortes de truchements. Mais enfin le nom de madame Saint-Estève ne vous est pas inconnu ?

— Sans doute; son établissement est rue Neuve-Saint-Marc; c'est elle qui, dans le temps, mit Nucingen en rapport avec cette petite Esther qui lui coûta quelque cinq cent mille francs. Elle doit être parente d'un drôle de son espèce, devenu aujourd'hui chef de la police de sûreté et qui porte le même nom.

— C'est ce que je ne sais pas, répondit Desroches ; mais ce que je puis vous dire, c'est que, dans son métier d'*appareilleuse*, comme on disait au temps où dans les mœurs moins collet-monté que les nôtres, cette industrie avait un nom, la digne femme a fait fortune, et aujourd'hui, sans modifier grand chose à ses anciennes allures, logée magnifiquement rue de Provence, elle est à la tête d'une agence matrimoniale.

— Et c'est là que vous dînez ? demanda Maxime.

— Oui, mon cher maître, avec le directeur du théâtre Italien de Londres, Emile Blondet, Andoche Finot, Lousteau, Félicien Vernou, Théodore Gaillard, Hector Merlin et Bixiou qui a été chargé de me faire l'invitation, parce que l'on aura besoin de mon *expérience et de ma haute habileté en affaires.*

— Ah çà ! il y a donc quelque intérêt financier par-dessous ce dîner !

— Il y a, mon cher, un acte de commandite, plus un engagement théâtral, et il s'agit de me soumettre la rédaction de ces deux traités : vous comprenez que, pour le second, les honorables convives priés avec moi se chargeront d'être la trompette aussitôt qu'il sera signé.

— Quel est donc cet engagement fait avec tant d'apparat?

— Oh! celui d'une *étoile* destinée, à ce qu'il paraît, à un succès européen ; une Italienne qu'un grand seigneur suédois, le comte Halphertius, a découverte par le ministère de madame Saint-Estève. Pour la faire débuter à l'Opéra de Londres, l'illustre étranger commandite l'*impresario* d'une somme de cent mille écus.

— Alors ce grand seigneur épouse ?

— Hum ! fit Desroches. Il n'est toujours pas question jusqu'à présent de me soumettre le contrat. Vous comprenez que madame de Saint-Estève doit bien avoir gardé un peu de treizième arrondissement dans le ressort de son agence.

— Allons, mon cher, bien du plaisir à cette réunion, dit Maxime en achevant de prendre congé, si votre astre a du succès à Londres nous le verrons probablement cet hiver à Paris ; pour moi, je vais de mon mieux mettre ordre au lever du soleil d'Arcis. A propos où demeure Massol ?

— Ma foi ! je ne saurais vous dire ; jamais je ne lui ai confié de causes, je n'use pas des avocats qui se mêlent de politique, mais vous pouvez envoyer prendre son adresse à la *Gazette des Tribunaux*, dont il est l'un des collaborateurs.

Maxime passa lui-même au journal, pour demander la demeure de Massol ; mais probablement, pour cause de créanciers, le garçon de bureau avait les instructions les plus sévères pour laisser ignorer à tout venant l'adresse de l'avocat, et, malgré ses airs impérieux et rogues, M. de Trailles en fut pour sa démarche et ne put obtenir le renseignement qu'il était venu chercher.

Heureusement il se rappela que Massol manquait rarement une représentation de l'Opéra, et il se tint pour à peu près sûr de le rencontrer le soir au foyer.

Avant son dîner, il se rendit à un petit hôtel garni de la rue Montmartre où il avait installé la paysanne et son conseil, déjà arrivés à Paris.

—

Il les trouva attablés et se faisant

grande chère aux dépens des Beauvisage. Il leur donna l'ordre d'être chez lui le lendemain matin de onze heures à midi sans avoir déjeûné.

Le soir, à l'Opéra, il trouva Massol ainsi qu'il s'y était attendu.

Allant à lui avec cette politesse un peu insolente qui était toujours la sienne :

— Monsieur, lui dit-il, j'aurais à causer avec vous d'une affaire moitié judiciaire et moitié politique. Si elle ne demandait pas à être entourée d'une allure de secret toute particulière, j'aurais eu l'honneur de passer à votre cabinet, mais j'ai pensé que nous en causerions plus sûrement chez moi, où j'ai, d'ailleurs, à vous mettre en rapport avec deux personnes. Puis-je donc espérer que demain matin, sur les onze heures, vous me ferez la grâce de venir prendre une tasse de thé ?

Si Massol avait eu en effet un cabinet, pour la dignité de la robe, il n'eût peut-être pas consenti à renverser l'ordre habituel des choses, en se rendant chez le client au lieu de l'attendre chez lui. Mais perché plutôt que logé, il fut heureux de l'arrangement qui laissait intact l'incognito de son domicile.

— J'aurai l'honneur, monsieur, s'empressa-t-il donc de répondre, d'être chez vous demain, à l'heure que vous m'indiquez.

— Vous savez, dit Maxime en le quittant, rue Pigale ?

— Parfaitement, répondit Massol, à deux pas de la rue de la Rochefoucault.

FIN DU PREMIER VOLUME.

Fontainebleau. — Imp. de E. Jacquin.

www.ingramcontent.com/pod-product-compliance
Lightning Source LLC
Chambersburg PA
CBHW071254160426
43196CB00009B/1282